Rolf Krenzer
Glauben erlebbar machen

Praxismaterial
Kindergarten

„Der ganzen Spannweite des Lebens sollen Kinder entge-
genwachsen, immer neu wachsende Lernerfahrungen
machen, gegenüber dem Dornigen, Leidvollen, freilich
immer wieder gestärkt durch viele positive, harmonische
Grunderfahrungen und ein reiches Urvertrauen."

Wolfgang Longardt

Rolf Krenzer

Glauben erlebbar machen

Spielgeschichten und Lieder
zur religiösen Erziehung im Kindergarten

Herder Freiburg · Basel · Wien

Die neuen Lieder, die Rolf Krenzer und Peter Janssens für dieses Buch ausgearbeitet haben und hier erstmals veröffentlichen, sind auf der MC: „Ich
schenk' dir einen Sonnenstrahl", erschienen und zu beziehen durch den Peter
Janssens Musik Verlag, 4404 Telgte.

Einband- und Textfotos: Hartmut W. Schmidt, Freiburg
Grafiken: Dagmar Domina, Dillenburg
Notengrafik: Wolfgang Hanns, Freiburg

Printed in Germany
© Verlag Herder Freiburg im Breisgau 1985
Herstellung: Freiburger Graphische Betriebe 1985
ISBN 3-451-20318-9

Vorwort

Wenn ich eingeladen werde, um mit Erzieherinnen und Kindern zusammen zu singen und zu spielen, sagen mir Erzieherinnen anschließend immer wieder: „Ich hätte nicht gedacht, daß das so einfach ist und mir selbst so viel Freude macht!" Und Wochen später erhalte ich Anrufe und Briefe, daß das, was wir gemeinsam erlebt und ausprobiert haben, in die tägliche Kindergartenpraxis umgesetzt wurde und neue Freude bereitet hat.
Solche Freude können Erzieher und Kind beim gemeinsamen Spiel erfahren, wenn beide sich mit ihrem ganzen Sein diesem Spiel hingeben. Und oft sind es Erzieher, die sonst gerade auf ein Angebot von Spielliedern zögernd reagieren, weil ihnen die Umsetzung von Noten in ein lebendiges Spiellied schwerfällt.[1]
Die religiöse Erziehung im Kindergarten setzt eine breite Erlebnispraxis voraus. Wichtigstes Anliegen ist es, Glauben zu leben, Glauben zu erleben. Unsere Aufgabe ist es, Bedingungen für die Kinder und uns im Kindergarten zu schaffen, die mit vielen Sinnen erlebbare Situationen ermöglichen. Es sind gerade im Kindergarten weniger die verbal vorgetragenen religiösen Inhalte, die dem Kind das vermitteln, was wir mit Glauben meinen. Vielmehr sind es freudig empfundene, verinnerlichte und haftende Erlebnisse in einer gelösten Atmosphäre, die einander näher bringen und das gemeinsame Geborgensein im Schutz Gottes erfahren lassen.
Das vorliegende Buch ist aus der täglichen Praxis entstanden. Es ist kein Buch für den Bücherschrank, sondern eine aus langjähriger Erfahrung vorgenommene Sammlung der vielfältigsten Angebote, die nur darauf warten, ausprobiert und eingesetzt zu werden. Weil gerade im Be-

[1] Inzwischen hat sich die Computertechnik so sprunghaft entwickelt, daß es jetzt bereits kleine computergesteuerte Musikinstrumente gibt, die es jedem, der erhebliche Schwierigkeiten beim Umsetzen der Noten hat, wirklich ohne alles Vorwissen leicht machen, eine Melodie herauszufinden, diese dann mit einem Finger oder ganz automatisch wieder abzurufen, um zum Singen selbst zu begleiten oder ein Kind begleiten zu lassen. Ein Taschengerät (Casio Electronic Musical Instrument VL-1 zum Beispiel) kostet weniger als DM 200,– und läßt sich überall einsetzen.

reich des Spielens wirkliche und echte Erlebnischancen außerordentlich groß sind, werden immer wieder Spiellieder angeboten, die wegen ihrer einfachen Texte und Melodien mit den geringsten Voraussetzungen sogleich in ein erlebnisreiches Spiel umgesetzt werden können und jüngste Kindergartenkinder ebenso ansprechen und anregen wie ältere. Eine Reihe dieser Lieder mit den Melodien von Ludger Edelkötter, Peter Janssens und Detlev Jöcker sind in den letzten beiden Jahren entstanden und wurden vielfach bei Sing- und Spielnachmittagen erfolgreich in der Praxis erprobt. Die Melodien zu sechzehn neuen Spielliedern hat Peter Janssens speziell für diese Sammlung geschrieben. Und auch Wolfgang Jehn hat einige ganz neue Melodien beigesteuert.

Alle Angebote setzen voraus, daß es dem Erzieher selbst Freude macht, diese oder jene Anregungen aufzunehmen und einzubringen. Nur dann, wenn er von einem einzelnen Angebot selbst überzeugt ist, wenn er selbst ein solches Angebot mit Freude einbringt, wird es gelingen, diese Freude den Kindern weiterzugeben und sie zu begeistern. „Die Sache Jesu braucht Begeisterte", singen wir in einem modernen Kirchenlied. Und eine solche Begeisterung dürfen wir mit Kindern erleben, wenn wir selbst bereit sind, uns begeistern zu lassen. „Unser Leben sei ein Fest", heißt es in einem anderen, viel gesungenen Lied. Ein solches Fest dürfen wir immer wieder gemeinsam erleben, wenn wir uns anstecken lassen und uns mit den uns anvertrauten Kindern zu diesem Fest eingeladen fühlen. Hierzu möchten die vielen Angebote dieser Sammlung auffordern. „Kommt, wir malen einen Regenbogen für das große Fest", heißt es in einem Spiellied dieser Sammlung. Und dann weiter: „und wir bauen unterm Regenbogen fröhlich unser Nest. Und wir singen, und wir spielen und wir tanzen unterm Regenbogen …"

Dazu möchte Ihnen diese Sammlung Mut und Lust machen.

Rolf Krenzer

Inhalt

Vorüberlegungen

Religiöse Erziehung im Kindergarten

Religiöses Erleben findet dort statt, wo es gelingt, Kindern den Glauben ihrer Bezugsperson so zu vermitteln, daß sie sich angesprochen fühlen, freudig mitschwingen und mitempfinden, welche Freude dieser Glaube bewirkt, aber auch welchen Trost und Halt er gibt. Gerade das Kindergartenkind bedarf dringend, daß es einbezogen wird in den Glauben seiner Bezugsperson, weil es diesem Menschen vertraut, sich von ihm führen läßt und meist das anerkennt, was dieser sagt oder tut. Religiöses Erleben findet dort statt, wo der Erwachsene, mit dem das Kind täglich umgeht, in seinem Glauben lebt und aus seinem Glauben heraus handelt. Je jünger das Kind im Kindergarten ist, je weniger Rückmeldung zunächst zu verzeichnen ist, um so stärker benötigt es dieses Hineingenommenwerden in den Glauben der Eltern und Erzieher, weil auf dieser Basis erst nach und nach der persönliche Glaube wachsen kann.

Einbeziehen in den Glauben der Eltern und Erzieher

Die besten und detailliertesten Pläne und Vorschläge können kein religiöses Erleben bewirken, wenn nicht der Erzieher selbst mit seiner ganzen Persönlichkeit hinter dem steht, was er dem Kind vermitteln möchte. Die Vermittlung religiösen Erlebens steht und fällt nicht mit der methodisch-didaktisch gelungenen Vermittlung von biblischen Inhalten, von Liedern und Texten, sondern allein mit dem religiösen Erleben des Erziehers. Das Vorschulkind ist in seinem Tun und Lernen, in seinem gesamten Erleben mehr von dem jeweiligen Augenblick und der jeweiligen Situation bestimmt als vom Nachdenken über Vergangenes und Zukünftiges.

Vermittlung religiösen Erlebens

Das gemeinsam erlebte Gebet, das freudig gesungene Lied, das mit vielen Sinnen spontan gewagte und gelungene Spiel, das regelmäßige Mitfeiern von christlichen Festen und Gottesdiensten beeindrucken tief, vermitteln Erlebnisse und Erfahrungen, die sich einprägen und weitere Erlebnisse und Erfahrungen in diesem elementaren

Glaubensbereich für das Kind selbst wünschenswert machen.

Religiöses Erleben Geschichten aus dem Alten und Neuen Testament, Texte aus der Umwelt, Gebete und Lieder, Bilder und Spiele sind Angebote, die dann wirklich vermittelt werden, wenn sie – nicht zuletzt durch die eigene Begeisterung des Erziehers – tatsächlich freudig erlebt, miterlebt werden. Eltern und Erzieher können so bewirken, daß das Vorschulkind christliches Zusammenleben erfährt und daß ihm elementare Vollzüge christlichen Lebens so bekannt werden, daß sie ihm vertraut werden.

Frühes religiöses Erleben im Elternhaus So kann religiöses Erleben sehr früh dort beginnen, wo das Kind erfährt, daß seine Eltern gut zusammenleben. Weil das harmonische Zusammenleben in der Familie ihm in dieser Weise erfahrbar wird, wird es sich in dieser Atmosphäre wohlfühlen. Das Kind erfährt, daß seine Eltern gut zu ihm sind, daß sie Ja zu ihm sagen, es pflegen, sich um es sorgen, ihm das Essen bereiten, ihm Wünsche erfüllen, mit ihm sprechen und spielen und sich mit ihm beschäftigen. Es erlebt, daß seine Eltern es lieb haben. Es erlebt auch, daß die Eltern mit ihm beten, in seiner Gegenwart die Hände falten und zu jemanden sprechen, der für das Kind zunächst unbekannt ist, dem die Eltern aber vertrauen. Es erlebt Gebet und Gebetshaltung an sich selbst und an seinen Eltern. Es erfährt, daß alle still werden, daß Mutter oder Vater mit ruhiger Stimme sprechen und daß diese Stille gut tut, ja sogar Geborgenheit vermitteln kann. Das Kind fühlt sich geborgen, weil es spürt, daß sich seine Eltern in dieser Situation ebenfalls geborgen fühlen.

Erste Begegnung mit christlichen Lebensformen im Kindergarten Viele Kinder, die täglich zum Kindergarten kommen, erleben die hier geschilderte Situation in ihrer Familie mit ihren Eltern nicht. Oft erleben sie andere Situationen, die von Verständnislosigkeit, Angst und Schrecken geprägt sind. Situationen, die oft dem Erzieher nicht bekannt sind oder bekannt werden. Und diese Kinder sind es, die ganz besonders Zuwendung, Erleben eines Geborgenseins und Vertrauens und gerade das benötigen, was wir als religi-

öses Erleben bezeichnen. Hier sehe ich die große Chance
der religiösen Erziehung im Kindergarten, weil durch die
Einbeziehung in den Glauben des Erziehers das Kind
Freude, Hoffnung und Vertrauen, aber auch Stärke und
Trost erleben und erfahren kann, die es selbst hoffen und
vertrauen lernen lassen.

Alle Ziele religiöser Erziehung im Kindergarten lassen
sich aus dem alltäglichen unmittelbaren Erfahrensbereich
ableiten und werden bestimmt von dem Erleben des
Tagesablaufes. In der Begegnung mit der nächsten Umwelt werden elementare soziale Verhaltensweisen deutlich
und bewußt. Gebete und Lieder, die hier gesprochen und
gesungen werden, haben aktuellen Bezug. Nach meinem
Verständnis muß hier religiöse Erziehung versuchen, dem
Kindergartenkind in für es bedeutsamen Lebensbereichen
mögliche religiöse Dimensionen aufzuzeigen und ihm so
zu einem begründeten Selbst- und Weltvertrauen zu verhelfen. Eine Stärkung seines Glaubens bedeutet auch für
das Kind eine Selbststärkung. Religiöse Erziehung im
Kindergarten setzt voraus, daß sich das Evangelium nicht
nur über das Wort, sondern vor allem durch das Tun am
und mit dem Kind vollzieht. Dies bedingt ebenfalls, daß
das Kind in religiöse Lebensformen einbezogen wird und
es diese miterleben darf, daß ihm Gott als unser Vater immer bekannter und vertrauter wird. Gemeinsam mit seinem Erzieher soll es Wege finden können, wie es wachsen
und sinnvoll leben kann. Das kann dadurch geschehen,
daß ihm auf freudig erlebte Weise Möglichkeiten der Einübung erschlossen werden, die ihm helfen können, sein
Leben nach und nach bewußter zu erleben, besser zu verstehen. So steht das Einüben christlicher Grundhaltungen
durch gemeinsames gläubiges Tun immer wieder vorrangig vor der Unterweisung. Katechetische Feiern mit Erzählen und Beten, mit Singen und Musizieren, mit
Schauen und Betrachten mit Rollenspielen und kultnahen
Handlungen und auch mit Essen und Trinken können
zentrale Inhalte des Glaubens erlebnismäßig nahebrin-
gen, somit Religion, Glaube erleben lassen.

**Erlebnishaftes Einbeziehen in
religiöse Lebensformen**

**Einübung christlicher Grund-
haltungen**

Die wichtigste Forderung, die an die religiöse Erziehung im Kindergarten gestellt werden muß, ist, daß das Kind den elementaren und aktuellen Grundbezug Gottes zum Menschen und des Menschen zu Gott erlebt und erfährt im täglichen Zusammensein mit seinen Gefährten und Erziehern.

Themenbereiche der religiösen Erziehung

In vier große Bereiche lassen sich in der religiösen Erziehung relevante Themen einordnen. Nach ihnen kann sich die Arbeit orientieren. Jeder Bereich für sich beinhaltet einfache und schwierigere Aufgaben, so daß einzelne Teilgebiete bereits mit Dreijährigen verwirklicht werden können, andere älteren und Kindern, die kurz vor dem Schuleintritt stehen vorbehalten bleiben. Der Erzieher muß sich allein an den Möglichkeiten der ihm anvertrauten Kindergruppe orientieren und dann selbst entscheiden, was er anbietet bzw. wegläßt.

1. Themenbereich

1. **Ich und die anderen – die anderen und ich – vom guten Zusammenleben**
Ich – mein Körper – Vom Morgen zum Abend – Jeder kann etwas – Wir leben nicht allein – Meine Familie – Freunde, Verwandte, Bekannte – Spaß und Streit mit anderen – Am schönsten ist es, wenn wir uns freuen – Manchmal sind wir auch traurig – Jeder hat Wünsche – Jeder kann krank werden – Tiere und Pflanzen leben mit uns – Was mir gehört – was anderen gehört – Mit anderen leben, Verantwortung für andere übernehmen – Gott kennt mich – Gott beschenkt mich – Ich habe Aufgaben

2. Themenbereich

2. **Kirchenfeste im Jahreskreis**
Erleben der wichtigen Kirchenfeste – Erntedank – Allerheiligen/Totensonntag – Martinstag – Advent – Weihnachten – Heilige drei Könige – Passionszeit – Palmsonntag – Ostern – Himmelfahrt – Pfingsten – Fronleichnam – Vorbereiten und Feiern wichtiger Feste im Kindergarten, mit den Eltern

3. Themenbereich

3. **Geschichten aus der Bibel**
Von Gott mehr erfahren – Gott der Schöpfer (Schöpfung) – Gott darf man vertrauen (z.B. Noah, Josef) – Von Jesus, Gottes Sohn, erfahren – Wichtige Stationen im Leben Jesu – Jesus und seine Jünger – Ausgewählte Gleichnisse – Jesus ist stärker als der Tod – Christen tragen seinen Namen

(Wichtige Geschichten aus dem Neuen Testament stehen in
enger Verbindung mit den Kirchenfesten und werden dort
entsprechend eingesetzt.)

4. Der Gottesdienst
    Kirche / Gotteshaus – Gott hat viele Helfer – Sonn-
    tag / Werktag – Feiern in der Kirche – Mit Gott sprechen,
    Gott danken, Gott bitten

4. Themenbereich

Die Aufzählung der Themen macht deutlich, daß es sich
hier nur um mögliche Anregungen handeln kann. Im Ein-
zelfall muß die Auswahl der jeweiligen Gruppe entsprechend vorgenommen werden. Wichtiger als die genaue
Erfüllung vorgegebener Themen ist es, daß der Erzieher
so viel Zeit und Ruhe, so viel von sich selbst einbringt, daß
er das erlebnismäßig vermittelt, was Inhalt seines Glaubens ist. Wenn er das Kind ernst nimmt, dann nimmt er es
auch in seinem Glauben ernst und wird sich bemühen, gerade im Bereich der religiösen Erziehung ihm lebensbe-
deutsame Haltungen zum Erleben zu bringen. Er kann
dann nicht mehr trennen zwischen religiöser und sonsti-
ger Erziehung im Kindergarten, sondern seine ehrliche
und vertrauende Glaubenshaltung wird Ausgangspunkt
aller anderer Zusammenarbeit mit den ihm anvertrauten
Kindern in seiner Gruppe sein.

Ehrliche und vertrauende Glaubenshaltung

Dieses Erleben wird dann verstärkt, wenn es mit lebenbe-
jahender, sinngebender und lustbetonter Deutung von
Ereignissen verbunden ist:

- Ein Lob, weil sich jemand eingesetzt hat, weil er sich
  Mühe gegeben hat. Damit wird eine Wertschätzung
  ausgesprochen, die über den Augenblick hinaus sich
  einprägt, den anderen freudiger werden läßt.
- Die Hand geben, in den Arm nehmen, nahe sein. Das
  braucht jeder als wortlosen Ausdruck des Verständnis-
  ses, der Liebe, des Angenommenseins. Er braucht es im
  Kontakt mit seinem Erzieher. Er braucht es aber auch
  als Gemeinschaftserlebnis, als Beziehung des einzelnen
  zur Gruppe. Aber das Kind braucht es nicht allein. Der
  Erzieher braucht es ebenso.

Lebensbejahende Deutung von Ereignissen

Lob

Körperkontakt

Spiel ● Im Spielen und Helfen erfährt der einzelne eine Selbstfindung ebenso wie eine Befreiung von sich selbst und eine Zuwendung zum anderen.

Aufträge ● Kleine Aufträge und Ämter können Einsicht in Dauer und Verantwortung geben.

Malen und Basteln ● Kreativität, Spontaneität werden beim Malen und Basteln ausgelöst.

Feste und Feiern ● Alles Feiern kann ebenso laut und fröhlich vor sich gehen wie zu einer wirklichen „Feier" und „Feierlichkeit" einstimmen, also ein Feiern als Zeit-haben, Sich-besinnen und Still-werden.

Trost, Freude ● Den Ausweichtendenzen wie Abwehr, Angst, Frustrationserfahrungen, Tränen, Verlust, Schmerzen und Hilflosigkeit stehen Trost, Hilfe, Versöhnung und das Lachen als Mitteilung von Freude und Fröhlichkeit, als stärkende und helfende Kräfte des religiösen Erlebens gegenüber.

Fröhliche und elementare Glaubenserlebnisse als Basis des Vertrauens zu Gott

In einer Welt des Mißtrauens, der Streits, der Angst und der Mutlosigkeit kann Kindern nur dann Hoffnung, Liebe, Mut und Vertrauen gegeben werden, wenn jede Möglichkeit in ihrer Kindheit, in ihrer Kindergartenzeit genutzt wird, um sie erleben zu lassen, was Glaube bedeutet und bewirkt.

Je fröhlicher und elementarer dieses Erleben des Glaubens gerade in dieser kurzen und doch so prägenden Lebensphase ist, um so stärker dürfen wir hoffen, daß es dem einzelnen Kind auch danach gelingen wird, seinen Lebensweg trotz der vielen Widrigkeiten im Vertrauen auf Gott zu meistern, d. h., Gott zur Richtschnur seines Handelns werden zu lassen.

Eine solche Basis kann nicht allein durch das verbale Vermitteln christlicher Inhalte entstehen. Sie wird sich nur dann bilden, wenn das Kind mit seinem Erzieher Glauben erlebt, d. h., gelebten Glauben verwirklichen lernt.

Möglicher Einsatz unterschiedlicher Medien

Die Kinder im Kindergarten sind in der Regel noch nicht fähig, nur abstrakt vorgetragene Inhalte zu begreifen. So ist es ausgeschlossen, Inhalte ohne den Einsatz von Medien vermitteln zu wollen. Alles bedarf der Veranschaulichung, die – wenn irgend möglich – auf emotionale Weise angeboten werden muß. Deshalb nehmen der direkte Umgang mit den einzelnen Dingen, das direkte Erleben einer Situation, sowie Spiel, Lied und Spiellied eine vorrangige Stellung ein. Hinzu kommen Bilder, Wandfriese, selbsterstellte Wandbilder aus unterschiedlichsten Materialien, die aber nur dann eingesetzt werden können, wenn sie dazu verhelfen, ein Erlebnis zu vertiefen oder in der Erinnerung festzuhalten.

1. Begegnung mit der Realität

Unmittelbares Erfahren religiöser Inhalte auf emotionaler Grundlage

Eindrücke, die auf emotionaler Grundlage mit möglichst vielen Sinnen erfahren werden, haften am stärksten. Deshalb müssen religiöse Inhalte, soweit das irgendwie möglich ist, unmittelbar erfahren werden.

Erleben des Gotteshauses

Kirche und Gottesdienst werden nur dann wirklich vertraut, wenn das Gebäude Kirche mit all den verschiedenen Einrichtungsgegenständen direkt kennengelernt werden darf. Kinder sollten zusehen dürfen, wenn auf der Orgel gespielt wird, es auch einmal versuchen dürfen. Warum die Kanzel meist an einem erhöhten Platz angebracht ist, wird dem Kind dann völlig verständlich, wenn es selbst einmal auf die Kanzel steigen darf und wahrnimmt, daß es von dort aus besser sieht und besser gesehen wird.

Erleben des Gottesdienstes

Taufstein, Altar, Kreuz, Bibel, Glocken, brennende Kerzen und viele Dinge, die zum Gottesdienst gehören, werden dann emotional und tief haftend erfahren, wenn das Kind dabei sein und erleben darf, wie ein Kind getauft wird, was der Pfarrer am Altar tut, wenn es beobachtet, daß sein Erzieher das Kreuzzeichen macht und vor dem Kruzifix betet, wenn es die Glocken läuten hört oder

wenn es selbst als Teil der Gemeinde den Gottesdienst
miterlebt, mitbetet, mitdankt und mitsingt.

Wir müssen davon ausgehen, daß viele Kinder, die in unserem Kindergarten sind, aus Familien kommen, denen
Kirche und Gottesdienst fremd geworden sind, so daß sie
dieses Hineinleben in die Gemeinde mit ihren Eltern nicht
erfahren dürfen.

Gerade hier ist die besondere Verantwortung des Erziehers zu sehen, der sich trotz und gerade wegen fehlender
Voraussetzungen und Erlebnisse um Möglichkeiten des
religiösen Erlebens bemüht. Es wird deutlich, von welcher
Bedeutung das „Hineinnehmen in den Glauben der Bezugsperson" für das Kind werden kann, weil es sich von
dem Menschen, den es mag und der ihm durch das tägliche Zusammensein so vertraut ist, mitnehmen läßt und so
etwas doch noch erlebt werden darf, was ihm sonst vielleicht für immer fremd bleiben kann. Wir wissen, wie
wichtig gerade die ersten Lebensjahre im Hinblick auf die
Gesamtentwicklung des Menschen sind. Eine freudig erlebte Begegnung mit christlichen Glaubensvollzügen und
mit -inhalten läßt diese vertraut werden und gibt entscheidende Hilfestellung für ein positives Einleben in die
christliche Gemeinde.

Hineinleben in die Gemeinde

Eine Information über die Kirche, Bilder von der Kirche,
vom Gottesdienst reichen ebenso wenig aus wie ein ein-
maliger Besuch. Kinder sollten erfahren und erleben, in
welcher Weise sich das Gotteshaus präsentiert, wenn sie
es mit ihrer Erzieherin und der Gruppe besuchen, zum
Beispiel zu einer Feier (Hochzeit, Taufe), zum Gottesdienst, aber auch dann, wenn man zum stillen Gebet die
Kirche betrit und kein Gottesdienst stattfindet.

Erleben des Gotteshauses in unterschiedlichen Situationen

Wenn im Dankgebet für Gaben gedankt wird, dann müssen
diese auch gegenständlich vorgestellt werden. Besonderen
Anlaß kann hier das gemeinsame Frühstücken geben, weil
wir für all die Dinge, die wir essen dürfen und die vor uns
auf dem Tisch liegen, Gott danken können.

Dankgebet

Die Feste des Kirchenjahres bieten viele konkrete Siuatio-
nen an, die es Vorschulkindern ermöglichen, Inhalte des

Erleben im Verlauf eines Kirchenjahres

Christliche Glaubenssymbole

Glaubens, Handlungen und Traditionen durch einfaches Mittun mitzuerleben und so zu haftenden Erfahrungen zu gelangen: zum Beispiel das Schmücken des Altars zum Erntedankfest, Erntedank im Kindergarten, der Besuch des Friedhofs vor Allerheiligen und Totensonntag, die Vorbereitung einer Weihnachtsfeier. Überall wird das Kind durch reale Begegnung Symbole christlichen Glaubens entdecken, das es zu Fragen und dadurch ausgelösten weiteren Erfahrungen führt: zum Beispiel das Kreuz auf der Turmspitze, auf dem Altar, im Kirchenraum, auf dem Friedhof, an der Zimmerwand, auf Büchern und Bildern.

Gottes Schöpfung bewußt erleben

Gottes Schöpfung, aber auch die Verantwortung, die Gott uns Menschen für diese Schöpfung übertragen hat, läßt sich nur dann verstehen, wenn Kinder diese Schöpfung bewußt erleben können, d. h. angeleitet werden, sie bewußt zu erleben und zu erfahren: den Baum, der im Frühling seine Knospen trägt, dann Blätter bekommt und diese Blätter im Herbst wieder verliert; die Blumen, die aufblühen, duften, Freude bereiten, Insekten anziehen und dann verblühen; Schnee, in dem man herumtollen kann, den man auf die Hand nehmen kann und der sich dann langsam zu Wasser auflöst; die Sonne, die den Tag bestimmt, die wärmt, aber auch schwitzen läßt; der Regenbogen am Himmel; Tiere mit ihren Jungen; ein Baby im Kinderwagen, aber auch alte Menschen; gesunde und kranke Menschen. Wir wollen das Kind erfahren lassen, daß die Welt, in der es lebt, ein Teil der Schöpfung Gottes ist, so wie es selbst. Diese Schöpfung ist ein Geschenk Gottes an alle Menschen.

Verantwortung für den anderen

Bereits das Kindergartenkind soll aber neben den täglichen Erfahrungen, daß wir uns an diesem Geschenk immer wie der neu freuen dürfen, nach und nach lernen, verantwortlich mit dieser Schöpfung umzugehen. Es selbst ist ein wesentlicher Teil dieser Schöpfung; aber auch jede andere Kreatur hat ein Recht auf Leben. Es soll darum lernen, Verantwortung für den anderen zu erkennen und im Bereich seiner Möglichkeiten zu tragen. Le-

ben in dieser Schöpfung bedeutet Freude am eigenen
Körper, Freude an dem, was man kann, Freude im Umgang mit der anderen Kreatur und Freude miteinander
(z. B. singen, lachen, tanzen).

Die reale Situation verdeutlicht auch, daß Menschen füreinander verantwortlich sind. Der Stärkere, der Größere
nimmt den Schwächeren, den Kleineren an der Hand, damit er nicht fällt; einer hilft dem anderen; die Mutter bereitet das Frühstücksbrot vor und packt es ein; viele
Menschen helfen beim Hausbau, bei Straßenbauarbeiten;
beim Bäcker kaufen wir das Brot, beim Metzger die
Wurst, im Supermarkt das, was wir zum Essen benötigen;
der Arzt kommt, wenn wir krank sind ...

Gegenseitiges Helfen ist nicht selbstverständlich

Daß Erleben solcher Situationen muß für die religiöse Erziehung bewußt gemacht werden, damit das Kind nach
und nach begreift, daß gegenseitige Hilfe nicht selbstverständlich ist. Es soll lernen, sich für ihm angebotene und
angenommene Hilfe zu bedanken, aber auch selbst Hilfe
anzubieten, wenn sie nötig ist, und es diese Hilfe leisten
kann.

Gewiß kann man über diese Inhalte reden. Es gibt auch
ein umfangreiches Angebot an entsprechenden Geschichten. Aber konkret erlebbar und erfahrbar wird das nur in
der täglichen realen Situation im Kindergarten in der Begegnung mit dem Erwachsenen, dem das Kind vertraut,
und den Kindern seiner Gruppe. Pestalozzis Ausspruch:
„Erziehung ist Beispiel und Liebe", hat im Hinblick auf
die religiöse Erziehung ganz besondere Bedeutung.

Tun ist besser als darüber reden!

2. Modelle der Realität

Modelle stellen das Original verkleinert, aber doch so pla-
stisch dar, daß Tast- und Sehsinn, auch Hör-, Geruchs-
und Geschmackssinn angesprochen werden. Sie ermöglichen vielfach auch ein spielerisches Umgehen, ein Begreifen von Situationen und Dingen und damit ein erlebnishaftes vertiefendes Erfahren.

**Modelle als Mittel zu spiele-
rischem Umgehen**

Ich erinnere mich an einen Jungen, der mit Bausteinen einen gottesdienstlichen Raum nachgestaltete, Spielfiguren auf die Bänke setzte und eine Orgel mit vielen Orgelpfeifen aufbaute. Dann setzte er seine Mundharmonika an den Mund und spielte versunken ganz leise eine wohl in diesem Augenblick entstandene Melodie. Als er wahrnahm, daß ich mich neben ihn setzte, unterbrach er sein Spiel und flüsterte mir zu: „Die Orgel in der Kirche ist so schön!" So hat er ein für ihn sehr wichtiges Erlebnis im Spiel mit dem selbst erstellten Modell verinnerlicht, für sich noch einmal wiederholt.

Figuren als Erzählhilfen Geschichten aus dem Alten und Neuen Testament lassen sich mit Hilfe von Figuren erlebnishaft erzählen. Dem Kind selbst können solche Figuren selbst als Erzählhilfe dienen, wenn es handelnd damit umgehen kann. Vielseitig verwendbar sind die Figuren der Weihnachtskrippe, die sich beliebig erweitern lassen. Besonders jüngere Kinder fühlen sich angesprochen, wenn man sie um sich herum an den Tisch setzt und die einzelnen Figuren während des Erzählens so aufbaut und bewegt, das mit ihnen sichtbar für alle das gesprochene Wort wesentlich verdeutlicht **Einsatz von Bausteinen** wird. Da kann zum Erzählen der Weihnachtsgeschichte der Stall aufgebaut werden, die verschiedenen Gasthäuser, die Maria und Josef keine Unterkunft bieten, können erstellt und auch die Verkündigung der Hirten und die Anbetung der Weisen mit Hilfe der Figuren bis zu einem kleinen Dialogspiel geführt werden.

Holzfiguren Holzfiguren lassen sich von Kindern selbst anmalen und zum eigenen Erzählen oder Nachspielen von Geschichten einsetzen. Sie bilden wichtige Merkstützen, zum Beispiel beim Erzählen von Gleichnissen (Gleichnis vom guten Hirten, vom verlorenen Schaf, vom barmherzigen Samariter, vom großen Festmahl, vom guten Vater und verlorenen Sohn).

Viele Modelle lassen sich mit Kindern gemeinsam erstellen, wobei die unterschiedlichsten Materialien eingesetzt werden können.

3. Flanell- und Magnettafel

Neben den zahlreichen im Handel angebotenen Figuren
für die Flanell- und Magnettafel lassen sich gemeinsam
mit den Kindern einfache Figuren herstellen, die lediglich
auf der Rückseite mit Haftkletten oder Magneten verse-
hen werden müssen. Es gibt im Handel auch Magnetpa-
pier in vielen Farben, das sich zum Herstellen solcher
Figuren eignet. Mit Hilfe von Magnet- und Flanelltafel
können Szenen aufgebaut werden und Tore, Gebäude
usw. schnell in klaren Umrissen entstehen, so daß die unterschiedlichen Szenen einer Geschichte hintereinander
entstehen. Wichtig ist, daß nicht nur der Erzieher mit diesem Material hantiert, sondern daß das Kind selbst zu der
Geschichte, zum eigenen Erzählen die einzelnen Szenen
aufbauen kann. Es erlebt, daß es selbst mit seinem eigenen
Tun eine Geschichte entstehen läßt. Eine Geschichte, die
es gehört hat, die aber durch das eigene Tätigwerden erlebnishaft bereichert wird.

Figuren mit Kindern selbst herstellen

Kinder hantieren mit den Figuren

4. Bilder und Bilderbücher

Fotos, Dias und Wandbilder können Einzelheiten deutlicher zeigen und Situationen erklären. Gerade große
Wandbilder haben den Vorzug, über einen längeren Zeitraum hinweg an der Wand immer gegenwärtig zu sein. Sie
sind aber nur dann für das Kind wichtig, wenn sie erlebnishaft eingeführt worden sind. Als besonders einprägsam
hat sich der Wandfries erwiesen, weil nach und nach ein
Bild nach dem anderen aufgehängt wird, so daß die Verbindung zu der jeweiligen Situation, in der es eingeführt
wurde, immer erhalten bleibt.

Wandbilder

Wandfries

- Die wichtigsten Stationen der Weihnachtsgeschichte werden
  jeweils dann, wenn sie erzählt, gespielt usw. werden, nach-

Beispiele

[1] Große farbige Din-A4 Kartonbilder hat *Helmut Wondra* gestaltet, die in einer Mappe unter dem Titel „Bilder und Geschichten von Jesus" im Hirschgraben-Verlag herausgekommen sind. Parallel dazu hat er dazu auch alle wichtigen Stationen im Leben Jesus als ebenso großformatige Schwarzweißbilder in dem Band „Christusgeschichten" im Reha-Verlag, Bonn-Bad Godesberg, herausgebracht. Diese Bilder können kopiert und ausgemalt werden. Beide Sammlungen sind stilistisch sehr einfach erzählt, die entsprechenden Abschnitte aus dem Neuen Testament beigegeben.

[2] Einige geeignete *Bilderbücher,* die zu einem Wandfries umgestaltet werden können:
Wondra/Krenzer/Liebermann: Kommt alle und seid froh. – Hirschgraben-Verlag, Frankfurt a. M. –
Reihe: Was uns die Bibel erzählt. Württembergische Bibelanstalt, Stuttgart. –
Josef Wilkon: Die Herberge zu Bethlehem, Nord-Süd-Weihnachtsbuch, Hamburg. –
Hilde Heyduck-Huth/Regine Schindler: Das verlorene Schaf. Kaufmann, Lahr.

Wandfriese:
Enhardt-Bilder, Ehrenwirth-Verlag, München. –
Bibel-Leporellos von *Marlene Reidel,* Verlag Sellier, Freising. – Wandfriese beim Christophorus-Verlag Freiburg/Kaufmann, Lahr.

[3] Z.B. bei av-edition: Schöpfung; Der Turmbau zu Babel; Der kleine Stern, und Wondras Illustrationen zu: „Kommt alle und seid froh".

einander in großen Bildern nebeneinander an der Wand aufgehängt.

- Die wichtigen Stationen im Leben Jesus erstehen nach und nach in einem Bilderfries und bleiben über einen längeren Zeitraum dort immer gegenwärtig.[1]
- Wie Kinder in anderen Ländern leben, wird anhand von Fotos usw. deutlich, die z.B. während der Fastenzeit zu einem Wandfries geordnet werden.
- Das Kirchenjahr mit seinen wichtigen Festen entsteht parallel zum Begehen der einzelnen Feiertage auch als Wandfries.
- Ein Wandfries kann entstehen zur Schöpfungsgeschichte und zu vielen weiteren Geschichten aus dem Alten Testament.
- In der Praxis hat sich das Material, das regelmäßig vom Bischöflichen Hilfswerk Misereor in Aachen herausgegeben wird, ganz besonders bewährt. Sehr gute Fotos, ebenso gute Bilder zum Ausmalen, dazu einfache Texte, die Kinder des Kindergartens bereits ansprechen, Spiel- und Liedangebote bieten Möglichkeiten, erlebnishaft sich damit auseinanderzusetzen, was Gott von uns in Bezug auf den anderen Menschen, der leidet, der einsam ist, dem es nicht so gut geht wie uns, erwartet.
Aus den Fotos und Bildern läßt sich ein Wandfries gestalten, der immer wieder zu neuen Gesprächen anregt, weil die Bilder über die gesamte Zeit vor Ostern gegenwärtig sind.
- Bilderbücher mit guten Bildern lassen sich zerschneiden und zu einem Wandfries gestalten. Man sollte die Bücher doppelt anschaffen, da oft Vor- und Rückseite benötigt werden. Ich hatte zunächst erhebliche Skrupel, solche Bücher zu zerschneiden, habe aber dann festgestellt, daß ihre Wirkung viel stärker ist, wenn sie – statt gelegentlich betrachtet zu werden – über einen langen Zeitraum hinweg immer wieder angeschaut werden und Anstöße zu neuen Gesprächen und zur Beschäftigung mit ihren Inhalten bieten. Zudem lassen sich diese Bilder aufbewahren und später wieder verwenden.[2]

Es gibt auch eine Reihe recht brauchbarer Dia-Serien mit Textbeilagen und Toncassetten, außerdem Transparentbilder, die mit dem Tageslichtprojektor eingesetzt werden können[3], aber grundsätzlich läßt sich sagen, daß selbsthergestellte Dias, auf denen die Kinder beim gemeinsamen Gottesdienstbesuch zu sehen sind, den Vorzug haben. Hier können nämlich die Dinge im Bild noch ein-

mal gezeigt werden, die die Kinder selbst in der Realität
gesehen, betastet und an ihrem eigenen Platz gesehen haben.

- Der Altar in der Kirche der Heimatgemeinde, die Kanzel, der
  Taufstein, die bunten Kirchenfenster, die Kerzen, die Heilige
  Schrift, das Kreuz, das Tabernakel mit dem „ewigen Licht",
  die Orgel, das Kirchenportal, der Opferstock, die Kirche von
  außen.
- Weitere Bildinhalte: Ich in der Kirche, meine Gruppe in der
  Kirche, wir vor der Kirche, andere Gottesdienstbesucher, der
  Pfarrer, der Kantor an der Orgel, ein Kind wird getauft, Hoch-
  zeit, Kommunion usw.
- Aber auch: Helfer in der Gemeinde bei ihrem Dienst; meine
  Geschwister; meine Eltern; meine Großeltern; Feiern von Fe-
  sten in der Familie / in der Gemeinde; als ich krank war usw.

Bilderbücher liegen zu allen wichtigen Inhalten vor. Sie
bieten dann besondere Erlebnisinhalte, wenn sie sich in
ein Spiel umsetzen lassen, das durch die Bilder über den
Text hinaus noch Akzente erhält.

Medien, die in der religiösen Erziehung eingesetzt werden können, sind in einem immer noch wachsenden Angebot greifbar. Filme, Videocassetten, Schallplatten und
viele weitere Möglichkeiten ersetzen aber gerade in der
Zeit, in der das Kind den Kindergarten besucht, nicht das
direkte Erlebnis mit anderen und damit das Erkennen des
eigenen Ichs. Man sollte den Mut haben, sich bewußt dieser Reizüberflutung entgegenzustellen und immer mehr
sich selbst einbringen.

Erfahrungen mit dem Glauben macht das Vorschulkind
vorrangig und verinnerlicht dann, wenn es diesen Glauben „erlebt". Wir sollten uns deshalb immer wieder erneut
darum bemühen, solche Erlebnissituationen zu finden, in
denen wir selbst uns so geben dürfen, wie wir sind, und
die uns anvertrauten Kinder ebenso nehmen dürfen, weil
wir uns in unserem Glauben von Gott angenommen und
getragen wissen.

5. Singen und Spielen

Emotionale Zuwendung als wesentliche Voraussetzung der Haltungs- und Gemütsausbildung

Wesentliche Ziele der religiösen Erziehung sind darin begründet, daß jeder von uns – Kind wie Erwachsener – immer wieder erfährt, daß er mit allem, was er kann und nicht kann, von Gott angenommen ist und daß er sich jederzeit und überall darüber freuen darf. Religiöse Erziehung findet somit nicht im Gottesdienst und in der „religiösen Unterweisung" allein statt, sondern überall dort, wo sich das Kind in den Glauben seiner Bezugsperson hineingenommen fühlt und mit ihr gemeinsam erlebt und erfährt, was glauben, vertrauen, einander annehmen, trösten, loben und danken bedeutet.

Eine Haltung und Gemütsausbildung kann sich nicht abstrakt, sondern nur in der Beziehung zu anderen Menschen ausbilden. Wesentliche Voraussetzung stellt hierfür eine emotionale Zuwendung dar.

Lieder, Spiellieder, Spieltänze

Wenn sich Kinder gerade von Familiengottesdiensten und von religiösen Inhalten im Kindergarten so stark angesprochen fühlen und aktiv freudig mitmachen, liegt das nicht zuletzt daran, daß durch den immer stärker werdenden Einsatz von Liedern, Spielliedern und Spieltänzen Möglichkeiten gefunden wurden, einander näher zu kommen. Hier liegt eine Möglichkeit, sich nicht nur kognitiv, sondern emotional und körperhaft zu begegnen und einmal gelernte Lieder und Liedinhalte durch die freudig gewünschte Wiederholung vertrauter und beliebter zu machen.

Glaubensinhalte im Singen und Spielen erleben

Lieder, Spiellieder und Spieltänze erfüllen dabei unterschiedliche Aufgaben:

- Erleben und erfahren, daß wir etwas können, daß wir von Gott angenommen sind und von den Menschen, die sich mit uns gemeinsam freuen, die mit uns singen, tanzen und spielen; daß wir uns alle gemeinsam freuen dürfen, weil Gott uns lieb hat;
- sich einbezogen fühlen in den Glauben des anderen, der mit uns singt, und dabei Vertrauen erfahren und

Vertrauen geben, d. h., auch im Lied, im Spiellied und Spieltanz christliche Glaubensinhalte wie Freude, Trost, Hoffnung mit allen Sinnen erleben und erfahren können;

- Inhalte des Alten und Neuen Testamentes durch das Spiellied und das Singspiel erlebnishaft aktuell erfahren und auch wiederholen, wobei Geschichten dann zum wirklichen Erlebnis werden, wenn sie in ein Spiel umgesetzt werden können;

Lieder zur Bibel

- erleben und erfahren, daß wir auch im Lied mit Gott sprechen können, daß ein Lied ein Gebet sein kann, ein Dank- und Bittgebet oder ein Lied des Lobens und Preisens, so wie der Psalmist einst zu Gottes Lob gesungen hat und seine Gebete in den Psalmen Gott vortrug.

Gebetslieder

▶ *Erleben und erfahren, daß wir etwas können und uns freuen dürfen, weil Gott uns lieb hat*

Das Spiellied fordert zum spontanen Mitsingen und Mitspielen geradezu heraus. Seine Melodie ist so einfach, daß sie sehr schnell aufgenommen und mitgesungen werden kann, meist bereits bei der ersten Wiederholung. Auch der Text, der in den weiteren Strophen zum gestischen, mimischen und pantomimischen Mittun auffordert, bereitet keine Schwierigkeiten. Oft wird immer wieder der gleiche Text gesungen, wobei sich nur die Bewegungen von Strophe zu Strophe ändern. Andere Spiellieder variieren in ihren folgenden Strophen nur um ein Wort oder mehrere. Strophenspiellieder haben einen von allen gesungenen Refrain. Die Strophen selbst bieten vom Text her die Anregung, das, was erzählt wird, sogleich in ein Rollenspiel umzusetzen. Text und Melodie sind somit so einfach, daß sie sogleich aufgenommen und behalten werden. Ich erlebe es sehr oft, daß Kinder – ohne das Spiellied vorher gekannt zu haben – bereits beim ersten Vorstellen sofort mitsingen, mitsummen und mitschwingen. Ebenso einfach sind die Spielaufgaben, die sich allein nach den Möglichkeiten jedes einzelnen Mitspielers richten.

Spiellied als elementare Anregung zur eigenen Spontaneität und Kreativität

Ein Beispiel mag dies verdeutlichen:

Mit Dreijährigen sitzen wir jeden Morgen im Kreis. Wir ziehen die Vorhänge zu und zünden eine Kerze an. Dann beginne ich, ein ganz einfaches Morgenlied zu singen:

Ich sag' dir guten Morgen   Text: Rolf Krenzer * Musik: Peter Janssens

Ich sag dir GUTEN MORGEN
und winke noch dazu.
Dann winkst du heute morgen,
genau wie ich es tu.

Ich sag dir GUTEN MORGEN
und nicke noch dazu.
Dann nickst du heute morgen,
genau wie ich es tu.

Ich sag dir GUTEN MORGEN
und klatsche (stampfe, blinzle usw.) noch dazu.
Dann klatschst du heute morgen,
genau wie ich es tu.

Ich sag dir GUTEN MORGEN
und streichle dich dazu.
Du streichelst mich heut' morgen,
genau wie ich es tu.

Ich sag dir GUTEN MORGEN
und drücke dich dazu.
Du drückst mich heute morgen,
genau wie ich es tu.

Ich sag dir GUTEN MORGEN
und kitzle dich dazu.
Du kitzelst mich heut' morgen,
genau wie ich es tu.

Gott schenkt uns diesen Morgen,
weil er uns gerne mag.
Wir danken für den Morgen
und bitten für den Tag.

Die Kinder mögen dieses Lied deshalb sehr, weil sie genau wissen, daß jeder von ihnen zu einer winzigen Spielaufgabe aufgefordert wird. Manche zappeln vor Aufregung, weil sie ganz schnell drankommen möchten. Ich beginne mich einem Kind zuzuwenden, gehe auf es zu, gebe ihm die Hände und lache es an. Und gleich strahlt ein Lachen zurück. Dann nehme ich das Kind an der Hand und gehe mit ihm zu einem anderen Kind im Kreis. Diesmal wird eine andere Bewegung eingesetzt, die meist vom Kind selbst vorgeschlagen wird. So kommt jedes Kind am Morgen einmal dran, erfährt direkte Zuwendung und tut etwas, was ihm selbst Freude macht. Und zunehmend sicherer singen die Kinder mit. Zum Schluß stehen wir alle Hand in Hand im Kreis und singen gemeinsam. Das Lied ist zu einem festen Ritual geworden, in dem sich das Kind angenommen und geborgen fühlt und das es darum jeden Morgen wieder erleben möchte. Nach einer Zeit kann das Lied durch ein anderes Morgenlied ausgetauscht werden. Wichtig ist, daß jedes Kind im freudig gesungenen Lied direkte Zuwendung erfährt. Es wendet sich ebenso direkt den Mitspielern und dem Erzieher zu, der während des Singens mit im Kreis herumgeht und jedes einzelne Kind berührt und zum Spiel auffordert und dann, wenn er zum nächsten Kind weitergeht, es nicht ohne ein herzliches Lächeln, ein Drücken verläßt. Er selbst fühlt sich in dieser Atmosphäre angenommen und geborgen, deshalb ist seine Zuwendung ehrlich und dem Kind vertraut.

Ein solches Lied kann durch viele Strophen aus dem Stegreif erweitert werden, so daß für jedes Kind eine Spielaufgabe daraus abzuleiten ist. Es bietet vom Text her ein schlichtes Gerüst und regt die Mitspieler dazu an, eigene Ideen einzubringen und gemeinsam zu verwirklichen, so daß so viele Strophen gesungen werden, wie Kinder im Morgenkreis sitzen. Wichtig ist allerdings, daß derjenige, der das Lied vorstellt, sich selbst mit lauter Stimme und mit viel Spielfreude einbringt, vor allem, daß ihm das Lied selbst Freude macht. Da das Singen und spielerische Gestalten auf einer ganz einfachenen Ebene erfolgen darf, kommen Hemmungen gar nicht auf. Keiner fühlt sich von den Anforderungen, die Lied und Spiel an ihn stellen, überfordert. Wir haben solche Lieder in Gottesdiensten verwendet und erfahren, daß in ganz kurzer Zeit Kinder, Jugendliche und Erwachsene mitsangen und dann, wenn sie dazu aufgefordert wurden, den einfachen Spielanregungen spontan nachkamen. Und das, ohne daß ihnen das Lied vorher bekannt war.

Variation:

Ich sag dir GUTEN ABEND,
und lach dir freundlich zu.
Dann sagst du GUTEN ABEND?
genau wie ich es tu.

Ich sag dir GUTEN ABEND
und winke noch dazu.
Dann winkst du heute Abend,
genau wie ich es tu.

... wie oben ...

Gott schenkt uns diesen Abend,
weil er uns gerne mag.
Wir danken für den Abend
und für den guten Tag.

Aus MC und Liedheft: „Ich schenk' dir einen Sonnenstrahl", 1985. Rechte im Peter Janssens Musik Verlag, 4404 Telgte.

Beim einfachen Spiellied können weitere Strophen spontan erfunden und gleich gesungen werden

Einfache Tänze In ähnlicher Weise lassen sich auch einfache Tänze einsetzen. Voraussetzung ist, daß die Tanzaufforderungen so einfach sind, daß sie von allen auf eine ihnen mögliche Weise und mit der Hilfe anderer verwirklicht werden können.

So ist beispielsweise der folgende *Halleluja-Tanz* allein nach den Bedürfnissen der Spieler ausgerichtet, die ihn tanzen wollen. Er kann „im Sitzen" getanzt werden, man kann dazu klatschen, stampfen und patschen, sich die Hände geben, im Kreis gehen, wild herumtanzen und sogar in die Luft springen. Wichtig allein ist, daß jeder einzelne, der mitsingt und mittanzt, etwas von der Freude erfährt, die ein so fröhliches Halleluja bei allen auslösen kann.

Halleluja-Tanz   Text: Rolf Krenzer * Musik: überliefert aus Finnland

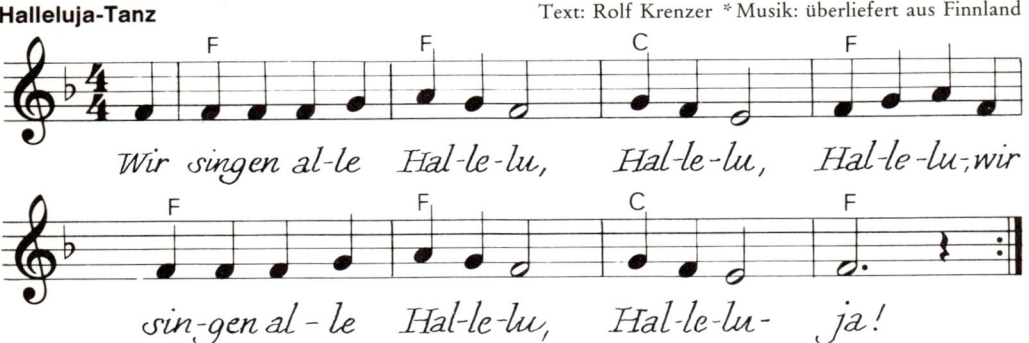

Wir singen al-le Hal-le-lu, Hal-le-lu, Hal-le-lu, wir
sin-gen al-le Hal-le-lu, Hal-le-lu- ja!

Wir tanzen alle ...
Wir klatschen alle ...
Wir schnalzen alle ...
Wir stampfen alle ...
Wir patschen alle ...
Wir pfeifen alle ...

Aus R. Krenzer (Hrsg.): Regenbogen bunt und schön. Kaufmann, Lahr/Kösel, München; LP, MC und Liedheft: Ein Regenbogen bunt und schön, Abakus, Greifenstein/Lahn-Verlag, Limburg.

Der Spielleiter fragt: „Habt ihr schon einmal Halleluja gesungen?"
Gruppe: „Ja!"
Spielleiter: „Habt ihr schon einmal den Halleluja-Tanz getanzt?"
Gruppe: „Nein"
Spielleiter: „Wollen wir den Halleluja-Tanz tanzen?"
Gruppe: „Ja!"
Der Spielleiter beginnt mit dem Singen und macht zuerst Seitschritte nach links. Er bittet alle Teilnehmer gleich mitzumachen. Bei der Wiederholung Seitschritte nach rechts.
Jedesmal wird eine neue Tanzanregung gegeben.
Die Tanzanregungen können auch vom Spielleiter immer wieder alle hintereinander aufgezählt werden, wobei die Gruppe immer mit einem „Ja!" einstimmt.

Weitere Möglichkeiten:
Habt ihr beim Halleluja-Tanz auch in die Hände geklatscht?
Seid ihr dabei auch im Kreis gegangen?

Habt ihr euch dabei auch an den Händen gefaßt?
Habt ihr euch dabei auch eingehakt?
Habt ihr euch dabei auch eng aneinander gedrückt?
Habt ihr euch dabei auch an den Ohren festgehalten?
usw.

▶ *Sich einbezogen fühlen in den Glauben des Menschen,*
   dem man vertraut

Christliche Glaubensinhalte können in elementarer Weise   **Beten erleben**
vermittelt werden. Im gemeinsamen Beten, Loben, Dan-
ken und Singen begreift das Kind im wahrsten Sinne des
Wortes, daß derjenige, den es kennt, dem es vertraut, den
es gern hat, seine Sorgen und Nöte, sein Bitten und Danken jemanden anvertraut, zu ihm betet, mit ihm spricht
und von ihm getröstet wird. Je jünger das Kind ist, desto
weniger kommt es noch auf die Worte an, die zu diesem
Gebet gehören, weil sie nicht alle kognitiv aufgenommen
werden. Aber das sinnenhafte Erleben, daß die enge Bezugsperson während des Gebetes eine Gebetshaltung
einnimmt, daß sie mit ruhiger Stimme singt und spricht,
beruhigt, schenkt Vertrauen und Geborgenheit.   **Vertrauen und Geborgenheit**

Was Jesus aussagt (Matth. 18,20: „Wo zwei oder drei in meinem Namen zusammenkommen, bin ich selbst in ihrer Mitte"),
kann beispielhaft im folgenden Lied: *Ich lade dich ganz herzlich*
ein, erlebnishaft erfahren werden, wenn man sich einem Men-
schen anvertraut, sich leise von ihm hin und her wiegen läßt.
Zwei können sich an der Hand halten. Es können auch zwei
Spieler sich an den Händen halten und ein Haus darstellen. Ein
dritter Mitspieler kommt in das Haus hinein, wird von den beiden anderen ganz sorgsam festgehalten und leicht zu dem Lied
geschaukelt. Dabei schließen alle die Augen, so daß sich das
Geborgensein spüren, fühlen, erfahren läßt. Im Spielkreis können viele Häuser entstehen.
Wenn das Lied zu Ende ist, darf man ein anderes Haus aufsu-
chen und sich dort schaukeln lassen.
„Ich lade dich ganz herlich ein" ist ein Spiellied, das wir mit Kindern auch in einem Familiengottesdienst gesungen haben. Gottesdienstbesucher, die das Lied nicht kannten, nahmen es
bereitwillig auf und spielten mit, erfuhren spontan und unvorein-

genommen, wie gut es tut, sich vertrauensvoll einem anderen hingeben zu dürfen, selbst einem Menschen, den sie vorher noch nicht gekannt haben.

Ich lade dich ganz herzlich ein   Text: Rolf Krenzer * Melodie: Inge Lotz

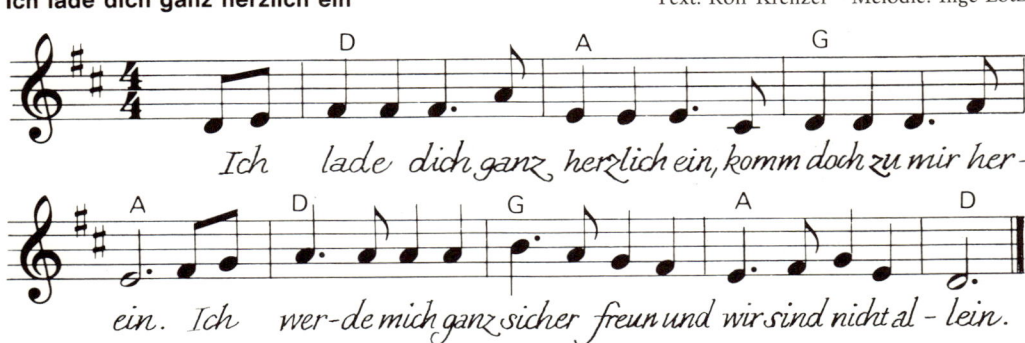

Aus R. Krenzer (Hrsg.): Regenbogen bunt und schön. Kaufmann, Lahr/Kösel, München; LP, MC und Liedheft: Ein Regenbogen bunt und schön, Abakus, Greifenstein/Lahn-Verlag, Limburg.

Der Himmel ist
hoch über uns
und hier bei uns im Haus.
Gott ist bei dir,
Gott ist bei mir,
drum ruh' dich bei mir aus.

▶ *In immer wiederholbaren Spielliedern und Singspielen Geschichten aus dem Alten und Neuen Testament aktuell und erlebnishaft erfahren*

Liedtext als Spielanregung Im Spiel kann mit Hilfe des Liedes eine Geschichte entwickelt werden, die beliebig oft – wegen des hohen lustvoll erlebten Emotionsgehaltes – wiederholt werden kann, wobei die einzelnen Rollen immer wieder getauscht werden können. Damit können Geschichten singend erzählt und in ein Spiel umgesetzt werden. Solche Spiellieder verfügen über einen leicht mitsingbaren Refrain, der jeweils von Szene zu Szene überleitet und alle am Spiel beteiligt. Die Spieler, die in den einzelnen Szenen agieren, fühlen sich dadurch von allen mitgetragen. Der Liedtext selbst gibt Anregungen zum mimischen, gestischen und pantomimischen Gestalten.

Über das Spiellied hinaus geht das Singspiel, das sich aus mehreren Spielliedern zusammensetzt. Wichtig ist auch hier, daß alle Lieder viele Mitspieler zum Tätigwerden anregen und daß ein schnell erlernbarer einfacher Refrain vorhanden ist.

Singspiel

Um darzustellen, daß auch ein relativ schwieriger Stoff mit Hilfe des Spielliedes einsichtiger wird und zur freudigen Wiederholung anregt, soll hier exemplarisch eine mögliche Gestaltung des Gleichnisses vom großen Festmahl (Luk. 14, 15–24) stehen. Wir haben das Spiellied mit Vorschulkindern gestaltet und dann in einer Kindermesse gespielt. Es zeigte sich, daß jeder eine Rolle erhielt, die er gern spielte, und daß auch die Jüngsten begeistert mitmachten. Das alles läßt sich nicht so schildern. Derjenige, der es mit einem solchen Spiellied versucht, wird selbst erfahren, wie stark Kinder darauf eingehen und wie spontan und kreativ sie mit ihren Spielaufgaben umgehen.

Beispiel: Das große Festmahl

Das Spiellied vom großen Festmahl wird von einigen oder allen gesungen. Zu den einzelnen Strophen wird dann pantomimisch dargestellt, was im Text ausgesagt wird.

Willst du mein Gast beim Festmahl sein?   Text: Rolf Krenzer * Musik: Ludger Edelkötter

1. Willst du mein Gast beim Fest-mahl sein? Recht schönen Dank! Doch lei-der nein! Mein neues Grundstück, sie ver-stehn, muß ich mir, muß ich mir, muß ich mir heut' an-sehn.

Ein Mann geht im Kreis herum und fragt die Menschen, ob sie seine Gäste sein wollen.

Zuerst bleibt er vor einem stehen, der keine Zeit hat, weil er gerade heute sein Grundstück kaufen will. Doch sogleich beginnt dieser gemeinsam mit anderen (zum Lied, das von den anderen gesungen wird) sein Grundstück abzumessen. Er kommt also nicht.

Der Mann geht weiter und bleibt wieder vor einem anderen stehen. Doch der hat auch keine Zeit. Er muß sich um sein Vieh kümmern. Schafe, Hunde, Katzen, Pferde, Kühe, Enten und Gänse laufen plötzlich herum und geben ihre Laute von sich. Da läuft der Eingeladene zur entsprechenden Stophe hinter seinem Vieh her und läßt den Mann einfach stehen.

2. Willst du mein Gast beim Festmahl sein?
   Recht schönen Dank! Doch leider nein!
   Mein Vieh! Die Arbeit! Sie verstehn!
   Drum kann ich heut,
   kann ich heut,
   kann ich heut, heut nicht gehn!

Der Mann geht weiter. Jetzt kommt er zu einem, der gerade Hochzeit feiert. Da ist viel los. Und nun soll auch noch ein Hochzeitsfoto gemacht werden. Da stellen sich alle zum Hochzeitsbild auf und nehmen Braut und Bräutigam in die Mitte. Der Fotograf knipst, dann geht der Hochzeitszug los. Und der Mann steht nur noch im Wege.

3. Willst du mein Gast beim Festmahl sein?
   Recht schönen Dank! Doch leider nein!
   Wir feiern Hochzeit! Sie verstehn!
   Drum kann ich heut,
   kann ich heut,
   kann ich heut, heut nicht gehn!

Der Mann geht weiter. Aber wohin er auch kommt, keiner folgt seiner Einladung. Plötzlich haben alle, an die er sich wendet, viel zu tun, z. B.: Teppich klopfen, mit dem Staubsauger saugen, Schreibmaschine schreiben, waschen, putzen, fegen, ein Bild aufhängen, mit dem Auto fahren, einen Fahrradschlauch flicken, im Garten arbeiten usw.

Einsam und traurig steht der Mann inmitten all dieser Geschäftigkeit. Da geht er langsam zurück zu seinem Tisch, der bereits für das Festmahl vorbereitet und geschmückt ist.

4. Willst du mein Gast beim Festmahl sein?
   Recht schönen Dank! Doch leider nein!

Ich hab zu tun! Es tut mir leid!
Hab keine Zeit,
keine Zeit,
keine Zeit, keine Zeit!

5. So lädt der Mann zum Festmahl ein
und steht am Ende ganz allein.
Die feinen Gäste, Sie verstehn,
die lassen sich,
lassen sich,
lassen sich hier nicht sehn.

Noch einmal geht der Mann hinaus. Er geht durch die Reihen
und durch den Kreis und bleibt vor dir und mir stehen. Wir geben ihm die Hand und lassen uns einladen. Zum Schluß finden
wir uns alle beim Festmahl ein.

6. Da geht der Mann nochmal hinaus
und fragt die Leute vor dem Haus.
So steht er plötzlich auch vor dir
und fragt: Kommst du,
sag, kommst du,
sag, kommst du auch zu mir?

7. Willst du mein Gast beim Festmahl sein?
Ich lade dich ganz herzlich ein!
Komm, sei mein Gast und tritt herein!
Was ich hab,
ist auch dein!
Was ich hab, ist auch dein!

      (Diese Strophe kann beliebig oft wiederholt werden.)

8. Die krank und arm und dumm und klein,
die lädt der Mann zum Festmahl ein.
Den andern aber, Sie verzeihn,
sagt er nein,
einfach nein,
sagt er nein, einfach nein!

Alle Rechte beim impulse-musik-verlag, Natorp 2, 4406 Drenstein-furt.
Aus R. Krenzer (Hrsg): Ich wünsch' dir einen guten Tag. Werkbuch für Religion und Got-tesdienst, Lahn-Verlag, Limburg, und gleichnamiger LP, MC bei Abakus, Greifenstein/Studio Union, Limburg.

▶ *Funktion des Spielleiters*

Der Einsatz von Spielliedern und Spieltänzen im Kindergarten kann mit freudiger Zustimmung rechnen, bedarf
aber der engagierten Erzieherin, die mit ihrem Singen und
Spielen die anderen Mitspieler zum Mitsingen und Mitspielen begeistert.

Das Spiellied selbst stellt an sie als Spielleiter Forderungen, denen sie nachkommen muß, wenn ein für alle positiv aufgenommenes Erlebnis daraus entstehen soll. Wir können folgende Regeln aufstellen:

Forderungen an den Spielleiter

● Genaues Planen
Der Spielleiter muß genau planen, welches Spiellied er vorstellen will. Er muß sorgsam überprüfen, ob die Aussage des Textes seinen Intentionen entspricht und ob die Kinder das nachvollziehen können, was ihnen im Text vorgetragen wird.

● Einfachster Liedtext
Der Text des Spielliedes sollte so einfach sein, daß er sofort von den anderen Mitspielern aufgenommen werden kann. Die Wortwahl muß dem Auffassungsvermögen der angesprochen Kinder entsprechen. Weitere Strophen ergeben sich bereits, wenn zu dem gleichen Text unterschiedliche Bewegungen ausgeführt werden sollen oder wenn der Text nur um ein einziges Wort variiert wird.

● Agieren ohne Textheft oder Liederbuch
Der Spielleiter sollte Text und Melodie so sicher kennen, daß er ohne Textheft oder Liederbuch agieren kann. Gerade beim Spiellied benötigt er seinen ganzen Körper, die Arme, die Beine, Mimik und Gestik, so daß jedes Mittel, das ihn dabei hemmt (und das ist in jedem Fall ein Buch in seiner Hand) nicht angemessen ist.

● Freude am vorgeschlagenen Lied muß ersichtlich sein
Der Spielleiter muß selbst an dem Lied, das er anbietet, seine Freude haben. Nur wenn ihm selbst ein Spiellied mit seinen Spielideen gefällt, wenn er selbst von ihm überzeugt ist, dann gelingt es ihm auch, es so einzubringen, daß der Funke überspringt und andere von ihm mitgerissen werden. Lieder, die einem selbst nichts geben, sollte man – selbst wenn sie in Plänen aufgeführt sind – weglassen. Vielleicht eignen sie sich in einer anderen Situation zu einer anderen Zeit. Wenn Kinder selbst ein Spiellied vorschlagen, sollte dies in jedem Fall auch einbezogen werden.

● Spiellieder dürfen verändert werden
Das Spiellied ist nicht auf eine einmalige Melodie und auf
einen unveränderbaren Text angewiesen, sondern soll
zum eigenen Variieren, Weiterdichten, Aktualisieren und
Umfunktionieren anregen. Je einfacher Wortwahl, Spielanregungen und Melodie sind, um so größer ist die Ein-
satzmöglichkeit, weil alle möglichen Variationen von
vornherein zugelassen und erwünscht sind.

● Jeder Mitspieler ist gleichwertig und gleichberechtigt
Der Spielleiter sollte alle Spielpartner als gleichwertige
und gleichberechtigte Partner akzeptieren. Nur so gelingt
es, jeden auch in das Spiel einzubeziehen.

● Spiellieder sind Kreislieder
Spiellieder erfordern einen Spielkreis, zumindest einen
Halbkreis. Es darf kein *Oben* und *Unten* geben, sondern
jeder sollte einen Teil dieses Spielkreises bilden. Jeder
Platz hat den gleichen Rang und den gleichen Wert.

● Engagement des Spielleiters
Der Spielleiter kann nicht nur andere zum Spielen anregen, sondern er muß jederzeit und überall mittun. Er muß
immer Spielpartner sein und nicht andere spielen lassen
und in die Rolle des Beobachters und Antreibers schlüpfen. Nur wenn er selbst intensiv und engagiert am Spiel
beteiligt ist, lassen sich auch andere zum Mitspielen anregen. Wenn beim ersten gemeinsamen Spiel bereits der
Funke überspringt, dann kann – und das habe ich oft erlebt – ein ganzes Feuerwerk kreativer Spieleinfälle abge-
brannt werden und eine Spielgemeinschaft entstehen, die
zu immer neuen Spielwagnissen bereit ist.

Wer einmal ein Spiellied zum Vermitteln einer Geschichte
eingesetzt hat, wird bemerken können, daß sich Text,
Melodie und Spielgestaltung sehr lange behalten lassen.
Auch nach einem Jahr einnerten sich Kinder wieder an das
Martinslied, in dem Martin seinen Mantel teilt, das sie im
vergangenen Jahr gespielt und gesungen hatten. Sie wollten es erneut zum Martinstag wieder singen und spielen.

**Forderungen an den Spiel-
leiter**

Eigenes Singen und Spielen auf Cassette

Im Spiellied werden Geschichten zum Erlebnis und deshalb nicht vergessen. Manche Spiellieder waren so beliebt, daß wir sie zusammen auf eine Cassette aufnahmen und vervielfältigten. So konnte sie jeder mit nach Hause nehmen. Die Eltern stellten uns gerne hierfür Cassetten zur Verfügung. Sie erklärten uns auch, daß trotz der technisch und musikalisch bestimmt nicht genügenden Aufnahme es gerade diese Cassetten waren, die zu Hause allen vorproduzierten Schallplatten und Cassetten vorgezogen wurden. Jedes Kind fand sich dort wieder, wenn es sich selbst mitsingen und mitsprechen hörte. Sehr oft begannen die Kinder zu Hause, zu der Cassette zu spielen und laut mitzusingen. Für mich ist es immer besonders eindrucksvoll, wenn mir Eltern versichern, welchen Spaß sie selbst mit ihrem Kind zu Hause mit diesen Cassetten haben. Und es sind nicht wenige Eltern darunter, von denen ich weiß, daß ihr Kind wohl vorher nur wenig oder überhaupt nicht mit Glaubensinhalten in Berührung kam. Sie spüren die Freude, die hier weitergegeben werden soll und darf. Ist das nicht das Anliegen religiöser Erziehung überhaupt?

6. Einsatz von Texten

Der Anspruch, der an Texte gestellt werden muß, ist hoch. Denn je komplexer und undurchsichtiger die Zusammenhänge und Konfrontationen der Umwelt sind, die das Vorschulkind erlebt, um so schwieriger ist es, in einfacher und verständlicher Sprache und stilistisch gradliniger Darstellung wichtige Inhalte wiederzugeben und sie so aufzuarbeiten, daß sie von Kindern dieses Alters aufgenommen und verstanden werden können.

Mit eigenen Worten nacherzählen

In jedem Fall empfiehlt es sich, die Texte nicht nur vorzulesen, sondern mit eigenen Worten nachzuerzählen, so daß man die Kinder beim Erzählen anschauen kann und gleich bemerkt, wenn etwas nicht verstanden wurde, wenn verkürzt oder breiter ausgemalt werden kann.

Bilder unterstützen einen Text wesentlich. Aber auch die
Bilder, die nach dem Text oder zu besonderen Situationen
des Textes von Kindern selbst gestaltet werden, verhelfen
zur Vertiefung.

Bilder zum Text

Die Umsetzung in ein Rollenspiel, in Hörspiel, Puppen-
spiel und all die vielfältigen Formen des darstellenden
Spiels bewirkt ein Erleben, das über Jahre hinaus nicht
vergessen wird. Allerdings muß sich der Erzieher darüber
klar sein, daß ein solches Umsetzen von ihm viel mehr
verlangt als nur das Vorlesen. Er muß die Voraussetzungen schaffen, die es dem Kind ermöglichen, sich in die Situation einzufinden und mit ihm gemeinsam zu einem
erlebnisreichen Spiel zu gestalten.

Umsetzung in ein Spiel

Ausgewählte Angebote

Vier große Bereiche, die nicht nebeneinander stehen, sondern einander durchdringen, prägen alle Angebote und Inhalte der religiösen Erziehung im Kindergarten:

1. Ich und die anderen – die anderen und ich – vom guten Zusammenleben
2. Kirchenfeste im Jahreskreis
3. Geschichten aus dem Alten und Neuen Testament
4. Gottesdienst – mit Gott sprechen, Gott danken und Gott bitten

Glaubensinhalte erleben Alle hierzu gegebenen Angebote sind allein unter dem Gesichtspunkt ausgewählt und ausgearbeitet, daß sie die Chance beinhalten, Glaubensinhalte zu Erlebnissen werden zu lassen. Wie das Kind Gottes Schöpfung und sich selbst als Teil dieser Schöpfung nur dann erfahren kann, wenn ihm diese Schöpfung erlebnishaft bewußt gemacht wird und es sich selbst in dieser Schöpfung erlebt, so können Geschichten aus der Bibel und zu den Kirchenfesten nur dann wirklich verinnerlicht werden, wenn es gelingt, eine breite Erlebnisbasis zu schaffen, d. h. beispielsweise eine Umsetzung in Lied und Spiel, von dem sich alle angesprochen fühlen und bei dem alle sich beteiligen. Die Angebote sind exemplarisch zu sehen. Sie lassen sich beliebig

Beispiele: Gottes Regenbogen, dargestellt im Spiellied erweitern und fortführen, auf andere Geschichten und Inhalte übertragen.

Ich und die anderen – die anderen und ich – vom guten Zusammenleben

1. Ich – mein Körper

Sich selbst erleben und erfahren

Alle Kinder sollen erfahren und erleben dürfen, was sie mit ihrem eigenen Körper alles können. Gott hat uns viele Sinne gegeben, mit denen wir all das, was um uns herum ist, erfahren und erleben dürfen. Gott hat uns unser Leben gegeben, damit wir uns daran freuen. Er hat uns allen Kreativität geschenkt. Grund genug, Singen und Spielen als wesentliche Elemente kreativen Tätigwerdens einzusetzen, weil hier keiner ausgeschlossen bleibt, wenn er auf eine ihm mögliche und von ihm gewünschte Weise mitmachen darf.

Für den Erzieher ist es wichtig, mit den Kindern Spielideen anzuregen und zu entwickeln und Spiele gemeinsam zu gestalten. Die Freude an Gottes Schöpfung fordert immer wieder zum Singen, Musizieren und Spielen, zum Klatschen und Tanzen heraus. Mit den Kindern dürfen wir lernen, daß wir für unser Leben Gott mit Singen, Musizieren, Tanzen und Spielen danken können und daß dieser fröhliche Dank von Gott angenommen wird.

Gemeinsame Freude an unserm von Gott gegebenen Leben

Aufgaben, Inhalte und Ziele religiösen Erlebens finden sich hier in der gemeinsamen Freude an unserem von Gott gegebenen Leben. Die Geborgenheit in Gottes Schutz verhilft uns dazu, uns laut und leise, allein und mit anderen immer und überall freuen zu dürfen, weil wir auf diese Weise Gott unseren Dank sagen können.

Ich habe einen Namen
Es gibt andere Menschen, die den gleichen Namen haben wie ich

Tanja wundert sich

Als Tanja aus dem Kindergarten kommt, wird plötzlich im Nachbarhaus ein Fenster geöffnet, und eine fremde Frau ruft heraus: „Tanja, jetzt komme endlich!"
Wie erstarrt bleibt Tanja stehen. Sie kennt diese Frau doch gar nicht. Sonst ist immer Frau Schweizer da. Aber warum guckt heute dort jemand aus dem Fenster, den Tanja überhaupt nicht kennt. Und warum ruft sie so kurz angebunden nach ihr, fast ein bißchen böse?
Komisch, denkt Tanja, sonst sind Schweizers immer so freundlich.

Aber weil die Stimme der fremden Frau so hart war, zieht es Tanja doch vor, zu dem Nachbarhaus zu gehen. Ein wenig ängstlich geht sie zur Tür und klingelt.

Sogleich ertönt ein Summen, und die Tür öffnet sich automatisch.

„Na, komm schon! Dein Vater muß jeden Augenblick mit dem Auto kommen!"

Das ist wieder diese fremde Stimme.

Jetzt traut Tanja sich aber keinen Schritt weiter.

Da kommt die Frau die Treppe herunter.

Ganz ängstlich drückt sich Tanja an die Tür.

Die Frau schaut Tanja ganz erstaunt an.

„Was willst du denn?" fragt sie endlich.

„Sie haben mich gerufen!" sagt Tanja mit leiser Stimme.

„Heißt du etwa auch Tanja?" fragt die Frau.

Tanja nickt.

„Ich habe meine kleine Tochter gerufen!" lacht die Frau. Wir sind heute bei Schweizers zu Besuch. Frau Schweizer hat ihr erlaubt, im Garten zu spielen. Aber jetzt soll sie heraufkommen. Mein Mann holt uns ab, und vorher muß Tanja noch gewaschen werden."

Und wirklich! Da kommt ein kleines Mädchen neben Tanja zur Tür herein.

Es ist viel kleiner als Tanja.

„Da ist auch eine Tanja!", sagt die Frau und nimmt das Kind auf den Arm. Als Tanja nach Hause geht, muß sie immer wieder an die andere Tanja denken. Bisher hat sie nur eine Tanja gekannt. Eine einzige Tanja. Und das war sie selbst. Tanja Schmidt. Wenn jemand Tanja rief, da war immer sie gemeint. Tanja wundert sich.

Als sie dann zu Hause klingelt und Mutter ihr die Tür öffnet, fragt sie ganz aufgeregt: „Mutti, gibt es mich zweimal?"

Rolf Krenzer

Vornamen und Familiennamen

Die kleine TANJA erfährt zum erstenmal, daß außer ihr noch ein anderer den gleichen Namen trägt. Wir sprechen über unseren Namen, ob wir jemanden kennen, der den gleichen Namen trägt, ob wir wissen, wer uns den Namen gegeben hat, warum wir gerade diesen Namen bekommen haben. Manche Leute haben zwei Namen, manche sogar noch mehr. Wir tragen einen Vornamen und einen Familiennamen. Peter Müller ist jemand ganz anderes als Peter Schmidt.

Der folgende Text kann Anstoß zu einem weiterführenden Gespräch bieten:

Warum der Martin Martin heißt

Ursprung eines Namens. Namenspatron

„Weißt du eigentlich, warum du Sabine heißt?", fragt Martin seine Freundin im Kindergarten. Sabine zuckt mit den Schultern. „Meine Eltern haben mir den Namen geben."

„Und du?", fragt Martin Andreas. Aber Andreas weiß auch nicht mehr. Er will aber heute nachmittag seine Mutter danach fragen.

„Ich habe schon gefragt!", sagt Martin. „Mein Vater hat einen besten Freund. Mit dem ist er zusammen in den Kindergarten gegangen und dann in die Schule. Als sie groß waren, haben sie zusammen Reisen gemacht. Mit ihren Fahrrädern sind sie losgefahren und haben nachts in ihrem Zelt geschlafen. Das ist heute noch Papas bester Freund."

„Der Freund heißt Martin!", rät Andreas.

„Genau!", antwortet Martin und strahlt. „Und jetzt ist er auch noch mein Patenonkel!"

Sabine denkt lange nach. Dann sagt sie. „Dann ist dein Name aber gar nichts Besonderes. Ich dachte immer, du hast ihn vom heiligen Martin!"

Da muß Martin lachen. „Natürlich habe ich den Namen auch vom heiligen Martin. Denn mein Patenonkel ist auch nach dem heiligen Martin genannt!"

Ob Sabine das einsieht?

„Ich habe übrigens zwei Feiertage jedes Jahr!", fügt Martin stolz hinzu.

„Am 7. August und am 11. November!"

„Am 7. August ist dein Geburtstag! Das stimmt!" sagt Andreas.

„Aber am 11. November ist doch Martinstag!" meint Sabine.

„Eben!" sagt Martin. „Am 11. November ist mein Namenstag!"

Rolf Krenzer

Namenstag
Geburtstag
Taufe, Taufpaten

Wir berichten über unsere Namen, fragen nach. Wir streichen mit Hilfe des Erziehers im Kalender an, wann wir Geburtstag und wann Namenstag haben. Wir lassen uns von den Menschen erzählen, die dem Tag, der auch unser Namenstag ist, ihren Namen gegeben haben.

Der Patenonkel ist der Taufpate. Ein Hinweis auf die Taufe sollte sich hier anschließen. Es kann herausgearbeitet werden, wie die Taufe vor sich geht, was die Taufe be-

deutet, warum Christen getauft werden und welche Aufgaben die Taufpaten übernehmen. Kind und Mutter werden gesegnet.
Auch Jesus wurde getauft.
Bei der Taufe wird das Kind in den Tod und die Auferstehung Jesu „eingepflanzt" (Röm. 8, 15). Es erhält Zugang zum Leben Gottes als sein Kind. So wird es mit seinem Namen Gott anvertraut und in die Gemeinde der Glaubenden aufgenommen. Gott kennt das Kind mit seinem Namen, Gott ruft es mit seinem Namen.
Von der Geburt bis über den Tod hinaus wird Gott mich kennen und liebhaben, immer und ewig.

Gott kennt meinen Namen

Vorschlag zu einem Gebet:
Guter Gott,
du kennst uns alle mit unserem Namen.
Du kennst mich, die Dorothea, und den Markus
und … (jedes Kind nennt seinen Namen)
Du kennst uns alle. Du hast uns alle lieb.
Wir freuen uns darüber. Wir danken dir! Amen.

Das folgende Tauflied kann nach und nach erarbeitet werden. Man braucht zunächst nur die erste Strophe einzusetzen.

Tauflied   Text: Rolf Krenzer *Musik: Peter Janssens

1. Ich tra-ge einen Namen, bei dem der Herr mich nennt. Du
rufst mich in der Taufe, da - mit auch ihr mich kennt, du
rufst mich in der Taufe, da - mit auch ihr mich kennt.

Entstanden in einer Arbeits-
gruppe der „AG Seelsorge" in
Bad Boll unter Leitung von Rolf
Krenzer. Überarbeitung und weitere Strophen von Rolf Krenzer.
Aus MC und Liedheft: „Ich
schenk' dir einen Sonnenstrahl",
1985. Rechte im Peter Janssens
Musikverlag, 4404 Telgte.

Jemand geht zu dieser Strophe, die von allen gesungen wird, im
Kreis herum. Wenn die Strophe zu Ende ist, bleibt er vor einem
Mitspieler stehen, und sagt: „Sag mir, wie ich heiße!" Der Mitspieler sagt den Namen und geht dann in den Kreis hinein. Es
können auch schwierigere Fragen gestellt werden, z.B.: „Sag
mir, wo ich wohne …, wie alt ich bin!"

2. In christlicher Gemeinde
   mich aufnehmt, wie ich bin,
   weil Gott mich angenommen.
   Gott ruft mich selbst hierhin.

3. So ist es durch die Taufe
   mit dir und mir gescheh'n:
   Ich darf mit Christus leben
   und mit ihm aufersteh'n.

4. Und weil dich meine Schwäche
   nicht stört und du mich liebst,
   nehm' ich auch meinen Nächsten
   so an, wie du ihn gibst.

5. So trag' ich meinen Namen,
   bei dem, du Herr, mich nennst,
   und weiß, daß du mich immer
   mit meinem Namen kennst.

Ich habe einen Namen

Text: Rolf Krenzer * Musik: Peter Janssens

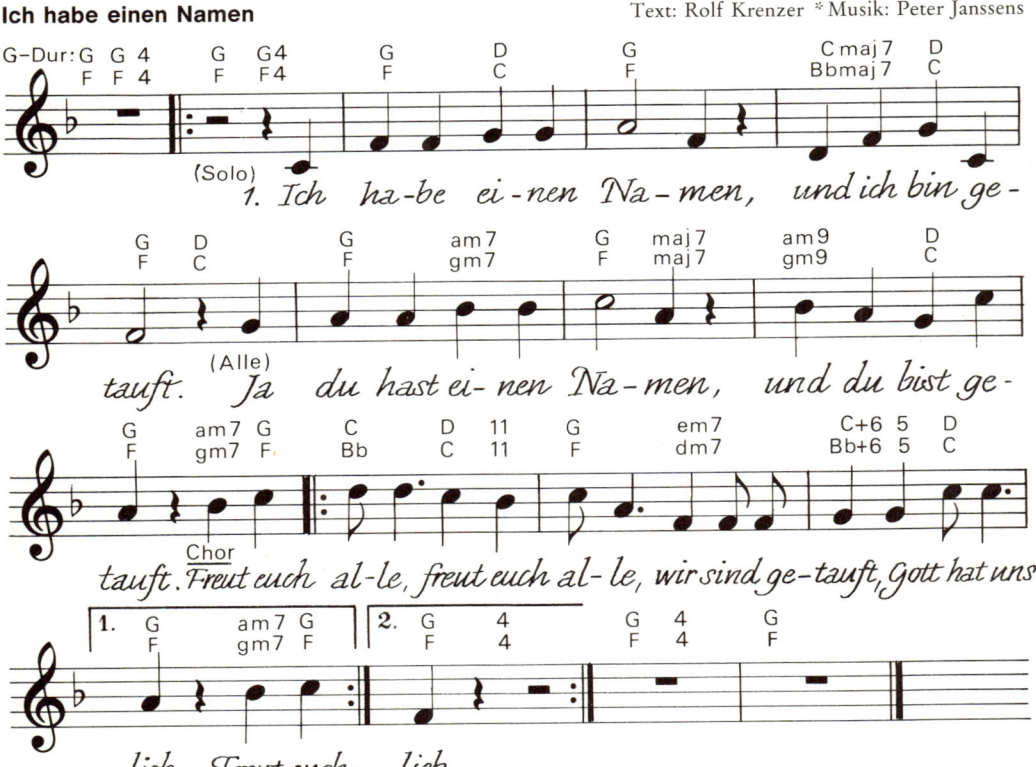

2. Ich heiße Dorothee, und ich bin getauft.
   (Alle) Ja, du heißt Dorothee, und du bist getauft.

3. Wir haben einen Namen, und wir sind getauft.
   (Alle) Wir haben einen Namen, und wir sind getauft.

Dieses wesentlich einfachere Tauflied für die Jüngsten findet man in dem Liedheft, LP und MC: „Kommt alle und seid froh", im Peter Janssens Musikverlag, Telgte.

Das folgende Spiellied ist so elementar, daß es sich sowohl im Kindergarten mit den Allerjüngsten einsetzen läßt als auch im Gottesdienst mit Jugendlichen und Erwachsenen:

Ich sage meinen Namen

Text: Rolf Krenzer *Musik: Lele und Detlev Jöcker

2. Jetzt sage deinen Namen
   auch leise noch zu mir.
   Und höre ich den Namen,
   weiß ich noch mehr von dir.

3. Wir kennen unsre Namen
   und stehen Hand in Hand.
   So knüpfen wir zusammen
   von Mensch zu Mensch ein Band.

4. Gott sind all uns're Namen
   von Anfang an bekannt.
   Er selbst hält uns zusammen.
   Wir sind in guter Hand.

Es kann dann zum Tanzen weitergesungen werden:

Wir kennen unsre Namen
und gehen Hand in Hand ...
und tanzen Hand in Hand ...
und singen Hand in Hand ...

usw. je nach Spiellaune

Aus MC und Spielheft: „Und sie
fingen an, fröhlich zu sein".
Sing- und Mitmachspiel zum
Gleichnis vom verlorenen Sohn,
Menschenskinder/MOD-Verlag,
Am Hagen 5, 4400 Münster-Hil-
trup

Der Spielleiter geht zu der ersten Strophe auf einen Mitspieler
im Kreis zu und sagt ihm leise seinen Namen ins Ohr. Dann
nimmt er ihn an der Hand und geht zur zweiten Strophe gemeinsam mit ihm im Kreis herum. Dabei sagt ihm dieser Mitspieler
leise seinen Namen. Nach dem Schneeballsystem gehen nun
beide Spieler dann, wenn die beiden ersten Strophen wiederholt werden, auf zwei andere zu, so daß es von Wiederholung zu
Wiederholung immer mehr werden, die im Kreis herum gehen
und sich ihre Namen zuflüstern. Wenn alle im Kreis sind, geben
wir uns die Hände und singen die dritte Strophe die beliebig erweitert werden kann, wir tanzen, singen, laufen, schreiten usw.
Zum Schluß legen wir uns die Arme um die Schulter, rücken
ganz dicht im Kreis aneinander und singen die vierte Strophe.

Ganz besondere Beachtung verdient der Geburtstag jedes einzelnen Kindes. Sein Platz wird geschmückt, und wir singen ihm
ein Geburtstagslied:

Geburtstagslied   Text: Rolf Krenzer * Musik: Peter Janssens

5 Jah-re, 5 Jah-re dauert schon dein Leben,

5 Jah-re, 5 Jah-re hat dir Gott ge-ge-ben.

Jeder wünscht dir, der heut an dich denkt, daß Gott dir noch viele Jahre schenkt:

Weil du heut Ge-burtstag hast, drum sind wir al-le hier. Wir

schenken dir was Schönes und freuen uns mit dir.

Die jeweilige Jahreszahl kann dann entsprechend eingesetzt werden. Statt „... drücken wir die Hände ..." kann gesungen werden: „... drücken wir dich herzlich ..." oder: „... streicheln wir dich freundlich".
Statt „... schenken dir was Schönes ..." kann auch konkret das genannt werden, was das Geburtstagskind bekommt, z.B. „... schenken wir dir Blumen ...", oder: „... kriegst du von uns Bonbons ...", oder: „... kriegst du einen Kuchen".

Aus MC und Liedheft: „Ich schenk' dir einen Sonnenstrahl", 1985. Rechte im Peter Janssens Musik Verlag, 4404 Telgte.

Spiel: Mein rechter Platz ist leer. Ich wünsche mir den Stefan her

Wir sitzen im Kreis. Ein Stuhl ist frei. Wer neben dem freien Stuhl sitzt, beginnt. Er darf sich einen Mitspieler auf den rechten Platz neben sich herbeirufen:

12 neue und originelle Geburtstagslieder sind als LP, MC und Liedheft unter dem Titel: „Hoch lebe das Geburtstagskind", im Lahn-Verlag, Limburg, erschienen, dazu ein Werkbuch mit dem gleichen Titel.

Spiele zum Selbsterleben,
zum Selbsterfahren

Variation: In meinem Haus bin ich allein,
           drum soll Kristina bei mir sein.

Wir sitzen im Kreis. Einer sagt den Vers und nennt ein Kind mit Namen. Darauf setzt sich das Kind dem ersten Kind auf den Schoß. Man kann auch jemand herbeirufen, der bereits bei jemand anderem im Haus ist. Es können auch nach und nach noch mehr in ein Haus gerufen werden.

Dann rufen die Kinder: In unserm Haus sind wir allein,
           drum soll der Peter bei mir sein.

Umrißbild auf der Tapete

Einer darf sich auf ein großes Stück Tapete legen, das auf dem Fußboden ausgebreitet ist. Mit dicken Farbstiften zeichnen wir seinen Umriß. Wir malen die Figur aus und hängen sie anschließend an der Wand direkt über dem Fußboden auf. Derjenige, der dargestellt ist, darf sich davor stellen. Ein vergrößertes Foto (Kopf) kann auch eingeklebt werden.

Körperabdrücke

Wir bereiten eine große weiche Gipsplatte vor, legen eine Hand, beide Hände, einen Fuß, beide Füße in die Gipsplatte. Versuchen später zu erraten, von wem die einzelnen Abdrücke stammen. Auch Fußspuren im Schnee erraten. Wir erfahren, daß wir mit unserem Körper Abdrücke hinterlassen.

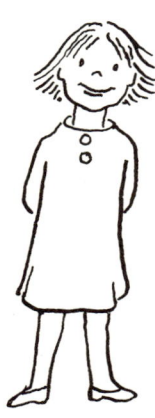

Spiel: Meine Füße sind verschwunden

Meine Füße sind verschwunden.
Ich habe keine Füße mehr.
Hui, da kommen meine Füße wieder her.

Ich habe keine Hände mehr, keine Finger, keinen Daumen, keine Augen, Ohren, keine Nase ... usw.

Die genannten Körperteile werden verdeckt oder versteckt.

Spiele mit dem Cassettenrecorder

Wir nehmen unsere Stimmen auf Cassette auf, sprechen mit verstellter Stimme, singen, machen Geräusche usw. Dann müssen die anderen raten, wessen Stimme das ist.
Ähnlich kann das Spiel „Hänschen, piep mal!" eingesetzt wer-

den, wobei wir versuchen müssen, mit zugebundenen Augen den anderen an der verstellten Stimme, am Lachen wiederzuerkennen.

Wir erfahren bei all diesen Spielen: Ich habe einen Körper, habe Hände und Füße, eine Stimme und viele andere Merkmale, an denen ich mich und andere wiedererkennen kann.

Im folgenden Lied zeigen wir all das, was im Text benannt wird, an unserem Körper auf und laufen zum Schluß zum Spielleiter, der in der Mitte des Spielkreises steht.

Variation: Wir zeigen an unserem Spielpartner zu dem Lied die einzelnen Körperteile. Zum Schluß gehen wir ganz nah aufeinander zu und halten uns fest.

Ich habe einen Kopf   Text und Melodie: Rolf Krenzer

Die Augen, die sind hier.
Der Mund, mit dem man spricht.
Die Nase, die Nase
ist mitten im Gesicht.

Du kannst die Beine auch
und meine Füße sehn.
Und damit, und damit
will ich jetzt zu dir gehn.

Viele weitere Strophen mit der Musik von Ludger Edelkötter sind auf der MC und im Liedheft: „Hast du etwas Zeit für mich", im impulse-musikverlag, Natorp 2, 4406 Drensteinfurt, erschienen.

Ziel ist es, auf unterschiedlichste Art und Weise dem Kind sein Ich, seinen Körper bewußt zu machen und es erfahren lassen, daß Gott ihm diesen Körper geschenkt hat, daß es sich darüber freuen darf, was es alles mit diesem Körper kann.

Tastspiele

Wir sitzen uns gegenüber. Der Spielleiter fühlt mit den Händen sein Gesicht, den Arm, den Bauch, das Haar usw. Der Mitspieler macht es ihm nach. Wir können auch den Körper unseres Mitspielers ertasten, ihn streicheln, kitzeln, zwicken, drücken, klopfen. Dann versuchen wir, mit geschlossenen Augen uns und den anderen zu streicheln, uns streicheln zu lassen.

Mit geschlossenen Augen betasten wir große, kleine, glatte, rauhe, weiche, harte Gegenstände und raten, um was es sich handelt. Die Dinge können auch in einem Sack versteckt sein. Wir greifen mit beiden Händen hinein. Wenn wir meinen, daß wir den Gegenstand richtig erraten haben, ziehen wir ihn heraus.

Horchspiele

Führen – sich führen lassen – einander vertrauen

Ein Kind sitzt mit verbundenen Augen im Kreis. Ein Mitspieler geht herum und gibt Geräusche von sich, z.B.: in die Hände klatschen, pfeifen, trampeln. Er kann auch ein Instrument benutzen (Pfeife, Glöckchen usw.). Das Kind im Kreis soll seinen Kopf dorthin wenden oder mit den Händen zeigen, woher das Geräusch kommt.

Etwas schwieriger wird es, wenn folgende Aufgabe gestellt wird: Wenn ein Instrument erklingt, darf sich der Spieler auf seinem Platz bewegen oder von seinem Platz fortgehen. Wenn das Instrument verklungen ist, sitzt er ganz still. Durch lautes und leises Instrumentenspiel können Hilfen gegeben werden, z.B.: lautes Spiel = schnelles Bewegen, leises Spiel = langsamer werden, versuchen zum Platz zurückzukehren. Die anderen Mitspieler dürfen vorsichtig Hilfestellung geben.

Bei einem **akustischen Versteckspiel** soll ein Gegenstand gesucht werden. Ertönt das Instrument ganz leise, ist man noch weit von dem versteckten Ding entfernt. Je lauter das Instrument wird, um so näher ist man am Versteck. Statt des Instrumentes kann auch ein Lied gesungen werden.

Wichtig ist, daß das Kind bei solchen Spielen Freude und Geborgenheit erfährt, daß es sich dem Spielgeschehen anvertraut und dem Mitspieler ebenfalls Vertrauen vermittelt.

Nach dem Erfahren der vielen Möglichkeiten, die wir mit unseren Sinnen haben, wird bewußt, was uns fehlen würde, könnten wir einzelne Sinne nicht mehr so einsetzen. Das schließt aber auch den Dank an Gott mit ein:

Du gabst mir Augen   Text: Rolf Krenzer *Musik: Ludger Edelkötter

1. Du gabst mir Augen, daß ich dich sehen kann. Und deine Schöpfung schau ich staunend an. Du gabst mir Augen, daß ich dich sehen kann. Und deine Schöpfung schau ich staunend an.

2. Grün sind die Wiesen,
   und bunte Blumen blüh'n.
   Darüber schaukeln
   Schmetterlinge hin.
   Du gabst mir Augen,
   daß ich dich sehen kann.
   Und deine Schöpfung
   schau ich staunend an.

3. Im Winde wiegen
   sich Ähren auf dem Feld,
   ein goldenes Leuchten.
   Schön ist deine Welt.
   Du gabst mir Augen,
   daß ich dich sehen kann.
   Und deine Schöpfung
   schau ich staunend an.

4. Wälder und Berge
   bis hin zum Himmelsblau.
   Vor Deiner Schöpfung
   steh' ich da und schau.
   Du gabst mir Augen,
   daß ich dich sehen kann.
   Und deine Schöpfung
   schau ich staunend an.

5. Du gabst mir Augen,
   und alles seh' ich hier.
   Für meine Augen
   danke, Gott, ich dir.
   Du gabst mir Augen,
   daß ich dich sehen kann.
   Und deine Schöpfung
   schau ich staunend an.

Aus LP und MC: „Halte zu mir heute guter Gott".
Alle Rechte beim impulse-musikverlag, Natorp 2, 4406 Drensteinfurt.

Das Lied kann als Gebet gesungen oder gesprochen werden. Es kann auch dann eingesetzt werden wenn die Schöpfungsgeschichte, unser Staunen über Gottes wunderbare Schöpfung im Mittelpunkt steht.

Die Geschichte vom Kind, das immer lachen mußte

**Lachen als Ausdruck lebens-
bejahender Deutung von Ereignissen.
Freude kann anstecken**

„Du bist albern!", sagte die Mutter zu dem Kind und blickte ein
bißchen ärgerlich aus dem Fenster. „Draußen regnet es in Strö-
men! Da werden wir patschnaß, wenn wir jetzt gehen müssen."
Da lachte das Kind wieder und meinte: „Vielleicht regnet es so
sehr, daß wir überhaupt nicht gehen können. Dann brauchen
wir heute auch nicht zum Zahnarzt!"
„Wir haben einen Termin!", sagte die Mutter und seufzte. Dann
holte sie die Stiefel und den Regenmantel für das Kind herbei.
Als das Kind den Regenmantel sah, mußte es wieder lachen. Da
waren nämlich noch dicke Schmutzstreifen von gestern darauf.
Gestern hatte es nämlich auf der Straße Pfützenspringen geübt.
Das sah man heute dem Regenmantel immer noch an.
Die Mutter seufzte und schrubbte so lange an dem Regenmantel mit Wasser herum, bis er sauber war.
Als das Kind den Regenmantel anzog, mußte es wieder lachen.
„Jetzt ist der Mantel schon naß, und wir sind noch nicht einmal
draußen im Regen!"
Da zog die Mutter auch ihren Mantel an, nahm den Schirm und
ging mit dem Kind hinaus. Unterwegs mußte das Kind immer
wieder lachen. Es lachte, weil die Autos so spritzten, daß die
Fußgänger empört zur Seite sprangen. Es lachte, weil ihm ein
dicker Regentropfen mitten auf die Nase gefallen war und dort
kitzelte. Es lachte, weil es mit seinem Mund Regentropfen fangen konnte. „Mach das auch mal!", sagte es zu seiner Mutter.
„Das macht Spaß!" Jetzt mußte auch die Mutter lachen. Und ob-
wohl sie es eilig hatte, blieb sie stehen und guckte zu, wie das
Kind die Regentropfen mit dem Mund fing.
„Du bist wirklich albern!", lachte sie dann und zog das Kind hinter sich her.
Beim Zahnarzt im Wartezimmer mußte das Kind wieder lachen.
Dort, wo die Leute ihre Regenmäntel ausgezogen und wo sie
ihre Regenschirme hingestellt hatten, war nämlich eine Rie-
senpfütze. Das platschte richtig, als das Kind mit seinen Gum-
mistiefeln hineintrat.
Es waren viele Leute im Wartezimmer. Da dauerte es lange, bis
das Kind endlich mit seiner Mutter zum Zahnarzt konnte. Aber
dem Kind war es nicht langweilig. Es stand am Fenster und
lachte über die vielen bunten Schirme, die es unter sich sah.
Von den Leuten sah es fast nichts. Nur die Beine und Füße, die
unter den Schirmen trippelten. Es freute sich auch, als es einen
dicken Käfer auf dem Fensterbrett entdeckte. Er hatte hier ein
trockenes Plätzchen gefunden.
Als später dann der Zahnarzt in seinen Mund guckte, mußte es
wieder lachen, weil der Zahnarzt ein so ulkiges Gesicht machte.

„Du bist aber ein fröhlicher Patient!", sagte der Zahnarzt.

„Das Kind ist albern!", meinte die Mutter.

„Solche fröhlichen Patienten habe ich gern!", sagte der Zahnarzt und lachte auch.

Als er dann den Bohrer holte, lachte das Kind nicht mehr.

„Es tut nicht weh!", sagte der Zahnarzt. „Es ist nur ein winziges Loch! Da machen wir eine kleine Füllung!"

Da mußte das Kind schon wieder lachen, aber nur ein bißchen.

Als es aber dann darauf wartete, daß es jetzt weh tun würde, da lachte der Zahnarzt: „Du bist schon fertig!"

Da mußte das Kind aber lachen. Es hatte ja gar nicht bemerkt, daß der Zahnarzt ein bißchen gebohrt und eine winzige Füllung gemacht hatte.

Und die Mutter lachte auch.

Als sie aber dann wieder auf die Straße traten,
da zeigte die Mutter zum Himmel hinauf.

Es hatte aufgehört zu regnen. Ein bunter Regenbogen stand hoch am Himmel. Und jetzt freute sich die Mutter auch und drückte dem Kind lachend die Hand.

„Du bist albern!", sagte das Kind und mußte wieder lachen.

Rolf Krenzer

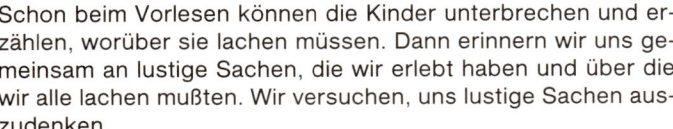

Schon beim Vorlesen können die Kinder unterbrechen und erzählen, worüber sie lachen müssen. Dann erinnern wir uns gemeinsam an lustige Sachen, die wir erlebt haben und über die wir alle lachen mußten. Wir versuchen, uns lustige Sachen auszudenken.

Wir spielen Szenen aus der Geschichte nach, denken uns weitere aus, z.B., was man im Regen sonst noch machen kann. Wir stellen pantomimisch dar, wie wir in eine Pfütze springen, wie wir reagieren, wenn wir selbst spritzen oder naßgespritzt werden. Hierbei kann deutlich werden, daß es unterschiedliche Reaktionen gibt, daß der Spaß des einen unter Umständen den Ärger des anderen auslösen kann. Man braucht auch nicht laut zu lachen. Man kann sich freuen und ganz still dabei bleiben. Wir berichten darüber, wie wir uns einmal so sehr gefreut haben, daß wir es bis jetzt nicht vergessen haben.

Freude im Zusammenleben mit anderen erleben und erfahren

Auch solche Szenen können gespielt werden.

Beispiele: Beim Spülen und Abtrocknen helfen, im Haushalt eine Arbeit übernehmen; beim Autowaschen helfen; jemanden helfen, einen schweren Koffer zu tragen; Wenn wir einem anderen helfen, wird uns bewußt, wieviel und was wir alles können.

Einander helfen

Im folgenden Spiellied darf jeder zeigen, was er kann. Es geht reihum, und jeder kommt einmal dran.

Schaut mal an …

Text: R. M. Krenzer *Musik: Peter Janssens

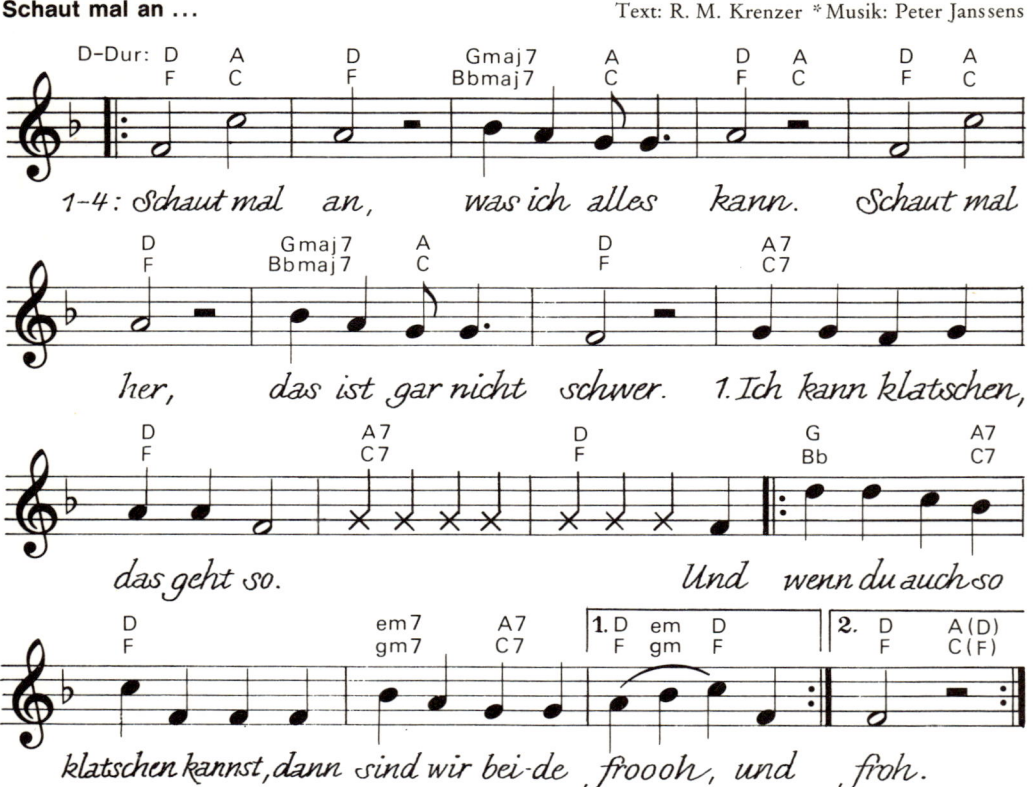

2. Ich kann winken, das geht so.
   Und wenn du auch so winken kannst,
   dann sind wir beide froh.

3. Ich kann streicheln, das geht so.
   Und wenn du auch so streicheln kannst,
   dann sind wir beide froh.

Aus LP/MC und Singheft:
„Kommt alle und seid froh",
1982. Rechte im Peter Janssens
Musik Verlag, 4404 Telgte.

4. Ich kann lachen, das geht so.
   Und wenn du auch so lachen kannst,
   dann sind wir beide froh.

Es ist nicht nur das Bewußtwerden der eigenen Fähigkeiten, die das Wesen der heranreifenden jungen Persönlichkeit ausmachen. Auch das Bewußtwerden des eigenen

Nichtkönnens, des eigenen Versagens, der eigenen Fehl-
leistungen. Gerade in der religiösen Erziehung sollen wir
uns Zeit für die Nöte und für das Unverstandenfühlen des
Kindes nehmen, auf es eingehen, mit ihm darüber sprechen, ihm Trost geben und damit ihm ein Angenommen-
werden vermitteln, so wie Gott den Menschen trotz seiner
Fehler und seines Unvermögens annimmt. Das heißt
auch, daß wir das Kind aufmerksam machen auf das, was
es von anderen trennen kann, ihm Ertragenshilfen vermitteln und ihm helfen, wieder positiv zu sich selbst zu finden. Wir können auch dem Kind erzählen, daß wir solche
Stimmungen und schlechte Laune von uns selbst her kennen, daß wir aber die Möglichkeit haben, Gott unsere
schlechte Laune vorzutragen, vor ihm auszusprechen, was
uns bedrückt und uns das Leben schwer macht, und daß
wir im Gebet Trost empfangen dürfen. Weil das Kind seinem Erzieher vertraut, wird es ihm glauben. Vielleicht
können wir auch gemeinsam ein Gebet sprechen:

Können – Nichtkönnen

Angenommen werden trotz des Nichtkönnens

Vermittlung von Ertragenshilfen

Trost im Gebet

Beispiel

Lieber Gott,
ich habe mich heute geärgert.
Ich bin traurig.
Das ist gar nicht schön. Mir geht es nicht gut.
Bitte, lieber Gott,
hilf mir, daß ich bald nicht mehr traurig bin.
Amen.
Auch eine Geschichte kann ein bißchen weiterhelfen, zum Bei-
spiel die Geschichte vom Pechtag:

Der Pechtag

„Heute ist mein Pechtag!", sagte die alte Frau, als ihr der Zug
vor der Nase wegfuhr. Eigentlich wollte sie heute in die Stadt
fahren und sich eine neue Lesebrille kaufen, weil sie ihre alte
verloren hatte. Acht Tage lang hatte sie überall gesucht. Da
hatte sie es endlich aufgegeben. Die Brille hatte sie liebgewon-
nen, und es tat ihr leid, daß sie nun eine neue kaufen mußte.
Als sie nach Hause kam und die Haustür öffnete, fiel der große
Blumentopf mit Gepolter von der Fensterbank im Wohnzimmer
herunter.
„Heute ist mein Pechtag!", sagte die alte Frau und zog schnell
ihren Mantel aus. Dann kehrte sie die Erde zusammen. Zum

**Was zunächst negativ er-
scheint, kann sich positiv
auswirken
Pech – Glück: Vieles liegt an
einem selber**

Glück war der Topf nicht kaputt. Da konnte sie ihn wieder auf die Fensterbank stellen. Dabei bemerkte sie, daß sie vergessen hatte, das Fenster zu schließen. „Heute ist mein Pechtag!", sagte die alte Frau. „Jeder Einbrecher wäre leicht durch das offene Fenster in die Wohnung gekommen, wenn ich in der Stadt gewesen wäre!" Als sie in das Badezimmer ging, spritzte Wasser aus der Waschmaschine. „Heute ist mein Pechtag!", sagte die alte Frau. „Ausgerechnet heute geht die Waschmaschine kaputt. Wenn ich in der Stadt gewesen wäre, wäre das Wasser in die ganze Wohnung gelaufen!" Sie stellte schnell die Waschmaschine ab und lief zum Telefon und bestellte den Kundendienst. Dann räumte sie die schmutzige Wäsche aus der Waschmaschine heraus.

Sie legte alles vorsichtig zurück in den großen Wäscheeimer. Dabei fiel ihr die blaue Schürze aus der Hand.

„Heute ist mein Pechtag!", sagte die alte Frau und bückte sich, um die Schürze aufzuheben. Als sie die Schürze in den Eimer legen wollte, bemerkte sie, daß noch etwas in der Schürzentasche war.

„Heute ist mein Pechtag!", sagte die alte Frau. „Da hätte ich doch beinahe etwas in der Waschmaschine mitgewaschen, was gar nicht gewaschen werden soll. Wie staunte sie aber, als sie in die Schürzentasche hineingriff. Zuerst wollte sie es gar nicht glauben. Aber dann sah sie es mit eigenen Augen: Da war ihre Lesebrille!

Jetzt klingelte es an der Tür. Als die alte Frau öffnete, brachte ihr der Postbote ein großes Paket von ihrer Tochter. „Eigentlich wollte ich in die Stadt fahren!", sagte die alte Frau zu dem Postboten. „Dann hätten Sie mich nicht angetroffen!" „Da haben Sie ja Glück!", meinte der Postbote. „Sonst hätten sie sich das schwere Paket selbst auf der Post abholen müssen!"

Dann kam der Kundendienst und reparierte die Waschmaschine.

Am Nachmittag setzte sich die alte Frau ihre Lesebrille auf und sagte: „Heute ist mein Glückstag! Ich habe ein Paket bekommen. Die Waschmaschine ist repariert. Ich konnte das Fenster noch rechtzeitig schließen. Der Blumentopf ist nicht kaputt. Und ich habe meine Lesebrille wieder.

Ja. Heute ist mein Glückstag!"

Rolf Krenzer

Ebenso kann ein Gedicht, das wegen seiner Übertreibung zum Lachen bringen kann, etwas bewirken:

Ich hab' heute schlechte Laune

Text: Rolf Krenzer * Musik: Wolfgang Jehn
Rechte bei den Autoren

1. Ich hab' heu-te schlechte Lau-ne und will
heu-te keinen seh'n. Nein, ich will nicht mit den andern auf dem
Spielplatz spielen geh'n. Ich hab heute schlechte Laune. Nein, mein
Frühstück schmeckt mir nicht. Nein, ich mag auch keinen Apfel, und mich
ärgert dein Gesicht! glaub' ich wieder froh, wär ich
glaub ich wie-der froh, wär' ich froh!

2. Ich hab' heute schlechte Laune,
   und ich singe auch nicht mit!
   Was ihr singt, das mag ich gar nicht,
   denn das ist ein doofes Lied!

Ich hab heute schlechte Laune.
Nein, ich male auch nicht was!
Hör doch auf, mich anzufassen!
Ich versteh' heut' keinen Spaß.

3. Ich hab' heute schlechte Laune,
   bin mir selber nicht mehr gut.
   Ich hab' heute schlechte Laune
   und auf mich 'ne Riesenwut!
   Wenn jetzt doch noch einer käme
   und mich holte, einfach so,
   und mich mit zum Spielen nähme,
   wär' ich, glaub' ich, wieder froh,
   wär' ich, glaub' ich, wieder froh,
   wär' ich, glaub' ich, wieder froh!

„Wein doch nicht" aus MC und
Liedheft: „Ich schenk' dir einen
Sonnenstrahl", 1985. Rechte im
Peter Janssens Musik Verlag,
4404 Telgte.

Ein kleines Trostlied kann noch eine zusätzliche Hilfe sein:

Wein doch nicht   Text: Rolf Krenzer * Musik: Peter Janssens

2. Lach doch mal,
   ach lach doch mal.
   Ich schenk dir einen Sonnenstrahl.
   Wisch die Tränen vom Gesicht,
   sonst siehst du ihn ja nicht.

3. Sieh mal da,
   ja, sieh mal da,
   wenn du's versuchst, dann klappt es ja.
   Wenn einer wieder lachen kann,
   dann steckt sein Lachen an.

2. Meine Familie

Ich lebe in einer Familie, in die ich hineingeboren wurde. Diese Familie mag intakt oder nicht intakt sein, aber ich lebe in ihr und gehöre zu ihr. Konflikte, die in einer Familie entstehen, können im Kindergarten letztlich nicht aufgearbeitet werden. Das Kind darf aber erfahren, daß es im Erzieher einen Erwachsenen hat, der ihm zuhört, der sich mit ihm freuen, es aber auch trösten kann.

In Geschichten, in Spielliedern und im Rollenspiel können unterschiedliche Familiensituationen aufgezeigt und dargestellt werden. Anhand solcher Situationen erlebt und erfährt das Kind, was es alles Schönes innerhalb einer Familie geben kann, wo aber auch Spannungen entstehen und wie von ihm selbst verschuldete Schwierigkeiten wieder ausgeräumt werden können. Zum Zusammenleben in der Familie gehört das Übernehmen kleiner Pflichten, das gemeinsame Begehen von Familienfesten, die gemeinsame Freizeitgestaltung und die gegenseitige Rücksichtnahme aufeinander. Dazu gehört auch, daß dem Kind bewußt wird, was seine Mutter, sein Vater, die Geschwister, die Großeltern für es tun. Es wird Verständnis und Unverständnis erfahren. Es sollte ihm aber Hilfe gegeben werden, im Spiel und in Gesprächen über Texte zu ihm möglichen Lösungen zu gelangen.

Gott hat mir Eltern, Geschwister, Großeltern und Verwandte gegeben. Die Abhängigkeit von der Sorge der Eltern ist im Kindergartenalter noch sehr groß. Hier gibt es Möglichkeiten, sich mit der eigenen Situation auseinanderzusetzen und Wege zu finden, wie man denen, die mit in der Familie leben, die man lieb hat, Freude bereiten kann, so daß es zu einem guten und für alle erfreulichen Zusammenleben kommt. Wir dürfen Gott Dank sagen, daß er uns gute Eltern gegeben hat.

Unterschiedliche Familiensituationen in Geschichten, Spielliedern und im Rollenspiel

Hilfen zu möglichen Lösungen im Spiel und in Gesprächen

Ich mag es, wenn es früh dunkel wird

Wenn mein Vater von der Arbeit nach Hause kommt, sitzen wir oft beim Spiel schon alle zusammen und warten auf ihn. Heiko

Beispiel: Harmonisches Zusammenleben in der Familie

Methodische Anregungen zur Weiterführung des Textes

und Sabine sind dann auch mit ihren Schulaufgaben fertig. Manchmal liest mir Heiko, mein großer Bruder, eine Geschichte vor. Unsere Mutter macht auch fast immer mit.
Wenn mein Vater dann nach Hause kommt, wird es schon dunkel.
Dann kocht meine Mutter Kaffee oder Tee. Wir decken den Kaffeetisch.
Manchmal gibt es auch Kuchen. Vor Weihnachten gibt es fast immer ein paar Plätzchen. Dann haben wir alle Zeit füreinander. Wir können alles bequatschen. Manchmal sitzen wir bis zum Abendbrot zusammen. Im Sommer haben wir kaum Zeit dazu. Aber im Winter …
Deshalb mag ich es, wenn es früh dunkel wird.

Rolf Krenzer

Der Text bietet eine Schilderung, wie es in einer harmonischen Familie zugehen kann. In schlichten Worten wird davon erzählt, was ein Kind in seiner Familie positiv erfahren kann. Es wird vom guten Zusammenleben berichtet und davon, daß jeder Zeit für den anderen hat.
Wenn anschließend gefragt wird: „Macht ihr das auch manchmal so?", können Kinder erzählen, was sie sich innerhalb ihrer Familie wünschen, wie man es einrichten kann, daß man zu einer bestimmten Tageszeit auch Zeit füreinander findet, was sie von ihren Eltern und Geschwistern erwarten und was diese von ihnen selbst erwarten können.

Rollenspiel

Der Vater kommt nach Hause. Was wünscht er sich? Wie kann es wirklich aussehen? – Knut möchte mit seinen Eltern spielen, aber …

Geschwisterkrach

Hanne ist böse auf Jörg.
Jörg ist böse auf Klaus.
Sie schau'n sich alle wütend an,
und Ärger herrscht im Haus.

Böse steh'n alle herum.
Wolken statt Sonnenschein.
Wer nahm das letzte Tortenstück
und aß es ganz allein?

Rolf Krenzer

Zank unter Geschwistern kann es immer wieder geben. Bestimmt wäre alles ohne Krach abgegangen, wenn man das Stück geteilt hätte. Wir erzählen davon, wie wir Krach mit unseren Geschwistern hatten, wie es dann aber wieder zur Versöhnung kam.

Zank unter Geschwistern

Solche Szenen lassen sich auch in ein kleines Rollenspiel umsetzen, wobei im Spiel selbst eventuelle Lösungen erlebnishaft gefunden werden können:

Eventuelle Lösungsvorschläge im Rollenspiel

- Einer mag die Suppe nicht, die es heute zu mittag gibt.
- Einer will eine Sendung im 1. Programm, der andere im 2. Programm des Fernsehens sehen.
- Dem älteren Bruder gefallen die Cassetten nicht, die seine Schwester lautstark immer wieder hört.

Erfahrungsgemäß fallen Kindern viele solcher Streitansätze ein, weil sie ja täglich erleben.

Daß es verständnisvollen Erwachsenen gelingt, den Kummer zu lindern und zu trösten, wird in dem Gedicht von Dirk und seiner Kuh erfahrbar.

Der Dirk hat eine Kuh gemalt

Der Dirk hat eine Kuh gemalt.
Die Kuh ist rund und schick.
Daß diese Kuh kein Ochse ist,
sieht man auf einen Blick.

Er zeigt dem Onkel Knut das Bild.
Der Onkel sagt gemein:
„Das schöne Tier, das du gemalt,
ist sicherlich ein Schwein!"

Und Tante Vera holt sogleich
die Lesebrille raus:
„Das Tier, das du gezeichnet hast,
sieht wie ein Auto aus!"

Der Onkel Leo guckt und lacht
dann laut vor Übermut:
„Das Tier, das du gezeichnet hast,
ist ein Zylinderhut!"

Und selbst Cousine Annegret
trägt ihren Senf noch bei:
„Das ganze Bild, das du gemalt,
ist nichts als Krakelei!"

Ganz traurig ist der kleine Dirk.
Doch Mutter sagt sodann:
„Daß diese Kuh kein Ochse ist,
das sieht man ihr doch an!"

Da drückt der Dirk die Mutter fest.
Ganz leis' muß er gestehn:
„Die Kühe, die ich male noch,
darfst du allein nur sehn!"

Rolf Krenzer

In dem Gedicht, das auch in einem Rollenspiel nachgespielt werden kann, erlebt der kleine Dirk, daß es einen Menschen gibt, der ihn ernst nimmt, der ihn versteht: seine Mutter.

Das Gedicht von Dirk und seiner Kuh hat Ludger Edelkötter vertont. Zu finden auf der MC und im Liedheft: „Wir feiern heut' ein Fest", impulse-musikverlag, 4406 Drensteinfurt.

Das heiter gestimmte Gedicht spricht damit eine Kindererfahrung an. Für Kinder ist es ebenso wichtig, ihnen zu sagen, daß Gott sie lieb hat und ernst nimmt (Mark. 10, 13–16). Damit diese Zusage in ihr Leben eingeht, brauchen sie Erfahrungen mit ihren Bezugspersonen, die für sie Liebe, Ernstnehmen, Angenommensein konkret erlebbar werden lassen.

Gute und schlechte Erfahrungen mit ihrer Familie, Freude, Kümmernisse und große Sorgen, die das Kind mitbekommt, können gemeinsam mit dem Erzieher in ein Gebet gebracht werden, das dem Kind Hilfen erschließt, sich selbst in einer Not und mit seiner Freude mit eigenen Worten an Gott zu wenden.

Beispiel: Mit eigenen Worten sich an Gott wenden, beten

Gebete

Vati sagt zu Mutti: Liebling. Er gibt ihr einen Kuß, wenn er zur Arbeit geht. Du hast mir einen guten Vati gegeben. Ich danke dir, lieber Gott.

Lieber Gott, Papa hat sich über mich geärgert. Das tut mir leid. Entschuldigt habe ich mich schon. Aber ich weiß nicht, ob jetzt alles wieder gut ist. Bitte mach, daß sein Ärger bald vorbeigeht und alles wieder gut wird.

Mein Vater ist arbeitslos. Meine Mutter weint oft, weil das Geld nicht reicht. Alles ist so teuer. Lieber Gott, gib meinem Vater wieder Arbeit. Lieber Gott, hilf, daß meine Mutter nicht mehr so traurig ist. Lieber Gott, hilf uns allen.

Lieber Gott, wenn sich meine Eltern streiten, ist es bei uns zu Hause überhaupt nicht schön. Ich will zu keinem halten. Ich habe doch beide lieb, den Papa und die Mutti. Hilf ihnen doch, daß sie nicht wieder streiten.

Der Abdruck der Gebete aus dem Kindergebetbuch: „Halte zu mir heute, guter Gott", erfolgt mit freundlicher Genehmigung des Lahn-Verlages, Limburg.

Ich danke dir, Gott, für meine Großeltern. Sie erzählen mir Geschichten und helfen mir viel. Sie haben Zeit für mich. Bitte, lieber Gott, ich möchte sie noch lange behalten.

Freies Gebet

In Gebeten kann die persönliche Not und der persönliche Dank Gott vorgetragen werden. Zu den von allen gesprochenen Gebetsreimen sollte immer wieder das freie Gebet gesprochen werden. Es kann ein Gebet sein, in dem sich jedes Kind ein Stück wiederfindet. Es kann aber auch ein Gebet mit dem einzelnen Kind sein.

Als Mutti krank wurde

Benjamin war schon mal krank gewesen. Das war gar nicht schön. Da war der Arzt gekommen und hatte Medizin verschrieben. Und die Mutti hatte ihm Umschläge gemacht, das Fieber gemessen und ihm vorgelesen. Immer hatte sie an seinem Bett gesessen.

Aber daß Mutti einmal krank werden könnte, daran hatte Benjamin noch nie gedacht.

Am Morgen hatte ihn Papa geweckt. Aber das war ganz anders gewesen als samstags oder sonntags, wenn Papa ihn sonst manchmal weckte. Sonst hatte Papa ihn wach gekitzelt und lauter Unsinn gemacht. Heute morgen hatte er ernst ausgesehen.

„Du bist jetzt ein ganz großer Junge!", hatte Papa zu Benjamin gesagt. „Versuch mal, dich ganz allein zu waschen und anzuziehen."

„Warum kommt Mutti nicht?", hatte Benjamin gefragt.

„Mutti ist krank!", hatte Papa geantwortet und war schnell aus dem Zimmer gegangen.

„Darf ich zu ihr?" Aber Papa hatte nur den Kopf geschüttelt.

Benjamin hatte sich schon manchmal ganz allein gewaschen und angezogen. Aber viel lieber war es ihm, wenn Mutti ihm dabei half. Dann ging es auch viel, viel schneller.

Nicht einmal ein Frühstück für Benjamin hatte Papa vorbereitet. Dafür telefonierte er jetzt schon mit Tante Erika, Muttis Schwester. Und dann schellte es und Frau Siebert von nebenan kam. Sie wollte Benjamin heute zum Kindergarten bringen. Sie hatte auch ein Butterbrot für Benjamin dabei.

„Heute mittag kommt Tante Erika!", sagte sein Vater.

„Und Mutti?", fragte Benjamin und spürte, wie ihm die Tränen in die Augen stiegen. Er hatte solche Angst um seine Mutti.

„Als du noch geschlafen hast, war schon der Arzt hier. Mutti hat Schmerzen. Deshalb hat er ihr eine Spritze gegeben. Ich bringe sie mit dem Auto in die Klinik."

„Und dann?", fragte Benjamin und nahm sich ganz fest vor, jetzt nicht laut zu weinen.

„Der Arzt hat gesagt, es ist nur eine ganz kleine Operation. Und dann kommt Mutti wieder nach Hause."

Dann hat Frau Siebert Benjamin zum Kindergarten gebracht. Sie hat leise mit Frau Peters gesprochen. Das hat Benjamin genau gesehen. Benjamin weiß nicht, was er heute hier im Kindergarten soll. Er hat keine Lust zum Spielen. Er muß immer an Mutti denken. Beim Frühstück setzt sich Frau Peters neben Benjamin an den Tisch.

„Hm!", sagt sie und packt das Brötchen und die Apfelsine aus, die Frau Siebert für Benjamin eingepackt hat.

Die Mutter ist erkrankt. Vater und Sohn müssen ohne sie auskommen. Übernahme einzelner Pflichten
Sorge, Angst um einen Menschen, den man lieb hat, aber auch Hilfe und Trost durch andere Menschen

„Ich mag nicht!", flüstert Benjamin.

Da legt Frau Peters den Arm um ihn und drückt ihn ganz fest.

„Deine Mutti ist bald wieder gesund. Ganz bestimmt!", sagt sie so leise, daß es nur Benjamin hören kann.

„Weißt du das?", fragt Benjamin und spürt, daß alles plötzlich etwas leichter wird. Frau Peters nickt. „Ich war auch schon mal in der Klinik. Es war die gleiche Operation wie bei deiner Mutti."

„Ehrlich?", fragt Benjamin und spürt, daß es ihm noch viel, viel leichter wird.

„Ehrlich!", sagt Frau Peters und lächelt.

„Hat sie Schmerzen bei der Operation?", fragt Benjamin.

„Sie spürt nichts davon. Sie schläft, wenn der Arzt operiert!"

„Hast du auch nichts gespürt?"

Frau Peters schüttelt den Kopf, und Benjamin glaubt ihr.

Da greift er nach dem Brötchen und beißt herzhaft hinein.

Rolf Krenzer

Methodische Anregungen zur Weiterführung des Textes

Der Text regt zu einem Gespräch über Situationen an, in denen Kinder mit eigener Krankheit oder mit Krankheit der Eltern und Geschwister konfrontiert wurden.

Wie war das, als dein Vati krank wurde, deine Mutti, dein Bruder, dein Großvater, deine Großmutter? Was habt ihr getan? Was hast du getan?

Wenn man in so großer Not ist, kann man auch beten und Gott seine Sorgen vortragen.

Wir können überlegen, was Frau Peters und Benjamin oder Benjamin ganz allein Gott sagen könnte.

Peters Papa

Andere Väter mögen stärker und größer sein. Peter hat seinen Vater am allerliebsten

„Mein Vater ist der größte Mann, den ich kenne!", sagt Susanne. „Er ist so groß, daß er sich immer bücken muß, wenn er durch die Tür will!"

„Mein Papa ist der stärkste!", sagt Gernot. „Gegen den kommt keiner an!"

„Und mein Vater fährt am besten Auto!", ruft Sylvia. „Er überholt jeden auf der Autobahn! Aber auch jeden!"

„Und meiner!", prahlt Kerstin. „Mein Vater ist der beste Schwimmer, den es nur gibt. Seine Preise und Auszeichnungen solltet ihr mal sehen. Die hat mein Vater alle zu Hause!"

Achims Vater ist der beste Motorradfahrer. Kathis Vater ist der beste Busfahrer. Und Lottis Vater ist der beste Architekt, den es gibt. Da macht es Lotti gar nichts aus, daß er nicht mehr bei

Zusammenleben von Vater und Kind: Ein Stundenbuch mit vielen Fotos + Texten erscheint unter dem Titel: „Väter", im Lahn-Verlag, Limburg 1985.

ihnen zu Hause ist, sondern mit einer anderen Frau in einer anderen Stadt wohnt. Er ist jedenfalls der beste Architekt auch dort in der fremden Stadt.
„Was hast du denn von Papa gesagt?", fragt Mutti Peter, als er ihr beim Mittagessen alles erzählt.
„Gar nichts!", sagt Peter. „Sie hätten doch nur gelacht."
„Ist denn dein Papa gar nichts?", fragt seine Mutter erstaunt.
„Doch!", antwortet Peter. „Er ist nicht der stärkste und nicht der größte. Aber er ist der liebste Papa, den es gibt!" Mutti lächelt.
Da meint Peter: „Ehrlich, die hätten das nicht verstanden!"

Rolf Krenzer

Der Text drückt die enge Verbundenheit des Kindes zu seinen Eltern aus. Wir können darüber sprechen, was wir an unseren Eltern am meisten mögen. Im Rollenspiel läßt sich die Szene noch erweitern, weil noch viel zu den Vätern einfallen kann. Man kann es auch auf andere Familienangehörige übertragen: die beste Mutter, Oma, Opa, der beste Bruder, die beste Schwester usw.

Mein Vater

Text: Rolf Krenzer * Musik: Wolfgang Jehn

1. Mein Vater ist geplagt, gestreßt von mancher Schwierigkeit. Doch wenn ich mit ihm reden will, dann hat er für mich Zeit. Ja, ich und mein Vater, wir mögen uns, wir Zwei! Wenn du ihn kennenlernen willst, dann komm doch mal vorbei!

2. Mein Vater regt sich sehr schnell auf
   und poltert nicht zu knapp.
   Doch wenn ich dann ganz ruhig bin,
   regt er sich wieder ab.
       Ja, ich und mein Vater …

3. Mein Vater liest mein Zeugnis vor,
   da fällt manch lautes Wort.
   Dann lobt er mich trotz allem noch
   für meine Zwei in Sport.
       Ja, ich und mein Vater …

4. Mein Vater ist kein Supermann,
   er hat so manchen Tick.
   Doch daß wir zwei uns gut verstehn,
   sieht man auf einen Blick.
       Ja, ich und mein Vater …

Rechte bei den Autoren

Was man beim gemeinsamen Zusammenleben in der Familie erleben kann, wie fröhlich es dort zugeht, machen erlebnishaft die beiden folgenden Spiellieder deutlich: „Wenns zu Haus viel Arbeit gibt" (Song vom guten Zusammenleben) und „Ja, ja bei uns ist immer was los".

Einer macht es vor, und alle ahmen es mimisch, gestisch und pantomimisch nach. Bei diesem Lied können alle mitagieren.

Wenn's zu Haus' viel Arbeit gibt   Text: Rolf Krenzer * Musik: Lele und Detlev Jöcker

ja-di-ja-di-bum - ja-di-ja-di-bam, da ist jeder gleich dabei.

2. Wollen wir im Garten graben,
   packt ein jeder zu.
   Und zusammen, ja, zusammen
   schaffen wir's im Nu.

3. Wollen wir die Äpfel pflücken,
   packt ein jeder zu.
   Und zusammen, ja, zusammen
   schaffen wir's im Nu.

4. Wollen wir die Straße fegen,
   packt ein jeder zu.
   Und zusammen, ja zusammen
   schaffen wir's im Nu.

5. Woll'n wir unser Essen kochen,
   packt ein jeder zu.
   Und zusammen, ja zusammen
   schaffen wir's im Nu.

6. Wollen wir zusammen feiern,
   packt ein jeder zu.
   Und zusammen, ja, zusammen
   schaffen wir's im Nu.

7. Wollen wir zusammen tanzen,
   packt ein jeder zu.
   Und zusammen, ja, zusammen
   schaffen wir's im Nu.

8. Sind wir müde von der Arbeit,
   decken wir uns zu.
   Und zusammen, ja, zusammen
   schlafen wir im Nu ...

Hier können weitere Tätigkeiten spontan eingesetzt werden,
z. B. ein Brett zersägen, die Schafe hüten, die Kühe melken ...
Das Lied macht noch mehr Spaß, wenn wir zu dem HEI immer
hoch in die Luft springen. Bei der letzten Strophe legen wir uns
hin, schlafen und streicheln uns. Dazu singen wir statt HEI: EI.

Aus MC und Spielheft: „Und sie
fingen an, fröhlich zu sein.“
Sing- und Mitmachspiel zum
Gleichnis vom verlorenen Sohn.
Menschenkinder/MOD Verlag,
Am Hagen 5, 4400 Münster-Hil-
trup.

Ja, ja, bei uns ist immer etwas los   Text: Rolf Krenzer * Musik: Ludger Edelkötter

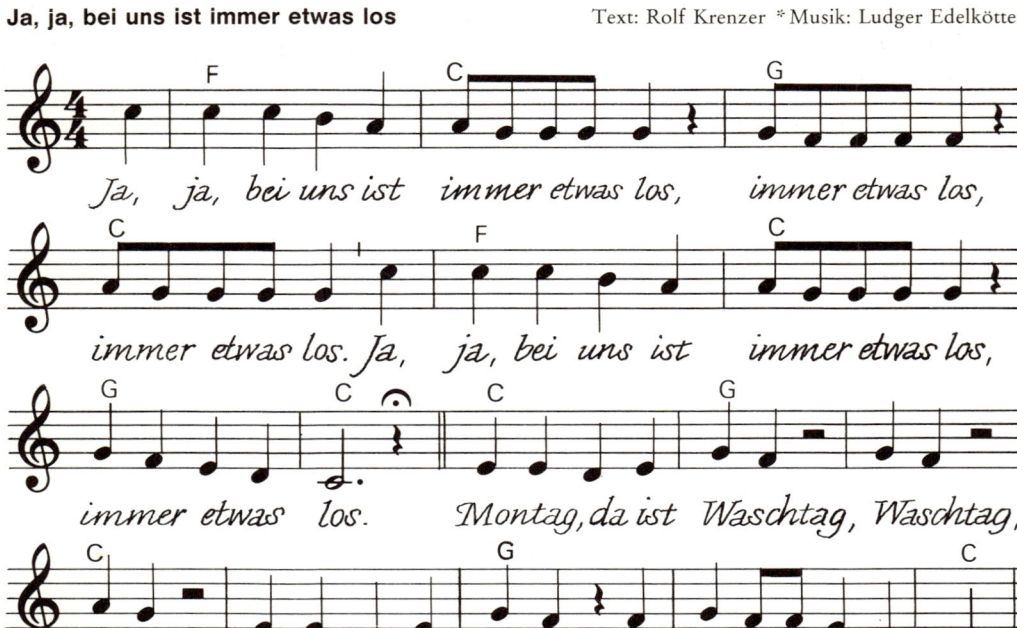

Dienstag, da ist Hausputz …
Mittwoch, da ist Wandertag …
Donnerstag ist Kichertag …
Freitag, da ist Radfahrtag …
Samstag, da ist Zahltag …
Sonntag, da ist Schlaftag …

Ja, ja, bei uns ist immer etwas los,
immer etwas los,
immer etwas los.
Ja, ja, bei uns ist immer etwas los,
immer etwas los.

Aus Spiellieder I (IMP 1017)
„Ich gebe Dir die Hände"
Alle Rechte beim: impulse-
musikverlag, Natorp 2, 4406
Drensteinfurt

Wer das Gedicht: „Der Herr, der schickt den Jockel aus", kennt,
weiß auch, wie dieses Lied gesungen wird.
Es beginnt ganz einfach mit dem Montag.
Dann wird beim nächsten Durchgang der Montag wiederholt
und der Dienstag angehängt.
Beim dritten Durchgang sind es schon Montag, Dienstag und
Mittwoch.
So wird das Lied von Strophe zu Strophe länger.

Bis Mittwoch sieht es schon so aus:

Montag, da ist Waschtag,
Waschtag, Waschtag.
Dienstag, da ist Hausputz,
Hausputz, Hausputz.
Mittwoch, da ist Wandertag,
Wandertag, Wandertag.
Mittwoch, da ist Wandertag.
Da geht die Familie ran.
Ja, ja, bei uns ist immer etwas los ... usw.

Nun soll das ganze Lied aber nicht nur gesungen, sondern auch noch gespielt werden. Das heißt, daß zu jedem Tag auch eine typische Bewegung hinzukommt. Montag = Waschtag = Wäsche waschen, rubbeln, auswringen, aufhängen ... oder sich selbst waschen
Dienstag = Hausputz = putzen, kehren, Staub wischen ... usw.
Wenn wir das Wochentaglied spielen, dann können die Mitspieler selbst bestimmen, was an den einzelnen Tagen los sein soll. Und dann kommen die schönsten Sachen dabei heraus, z.B. Sporttag, Schwimmtag, Putztag, Kochtag, Kirchtag, Feiertag, Kitzeltag, Schnarchtag, Kriechtag, Kratztag ...
Und noch etwas: Wir können das Lied von Durchgang zu Durchgang immer schneller singen, so daß wir am Ende ganz außer Puste sind.

**Die Mitspieler bestimmen selbst, was an den einzelnen Tagen geschehen soll
Auch den „Wuscheltag" und den „Kuscheltag" nicht vergessen!**

Weitere „Kuschel-Lieder" findet man auf der MC und im Liedheft: „Hast du etwas Zeit für mich?", impulse-musikverlag, 4406 Drensteinfurt.

3. Meine Freunde

Im Kindergarten bahnen sich erste Freundschaften an

Im Kindergarten bahnen sich die ersten Freundschaften an; ebenfalls werden erste tiefgreifendere negative Auseinandersetzungen erkennbar. Die tägliche Begegnung in der Gruppe, das miteinander Spielen und Singen, das gemeinsame Frühstücken, das Bauen und Basteln bringt Kinder einander näher. Ebenso bewirkt es vertraute Kontakte zu dem Erzieher, die von jedem Kind positiv erlebt werden, wenn sich der Erzieher kontaktfreudig und ehrlich in diese ihm anvertraute Gruppe einbringt. Gott will, daß wir gut zusammenleben. Jesus selbst hatte Freunde, Jünger, die mit ihm zusammen waren, die mit ihm die Freude teilten, aber auch die Mühe der Wanderschaft, schließlich den Tod. Wo zwei oder drei in seinem Namen versammelt sind, dort ist er mitten unter ihnen.

Möglichkeiten positiver Zuwendung im Lied und Spiel

Wir haben die Möglichkeit, mit Lied und Spiel dem anderen in einer von jedem als beglückend und erlebnisreich empfundenen Situation zu begegnen, ihn näher kennenzulernen, ihn zu berühren, gut zu ihm zu sein, aber auch sich von ihm berühren zu lassen, seine Zuwendung zu erfahren und sich in dem gemeinsamen Tun wohlzufühlen. So werden viele Lieder, die solche Situationen ermöglichen, sehr schnell zu Lieblingsliedern. Wichtig ist, daß der Erzieher selbst mitmacht und sich selbst in das Wagnis eines solchen Spiels begibt.

Das Angebot stellt einige Möglichkeiten dar, will anregen, Mut machen, es einmal mit solchen Spielliedern zu versuchen. Derjenige, der ein solches Lied dann einsetzt, wird an sich und an der Gruppe erfahren, wie viele Möglichkeiten in ihm stecken, wozu es anregen kann und welche Kräfte der Fantasie und Kreativität hierbei plötzlich und spontan frei werden.

Erster Streit, ausgelöst durch falsches Verhalten eines Freundes. Möglichkeit der Versöhnung

Streit mit Cornelia

Sandra will nie mehr mit Cornelia spielen. Nie mehr! Das hat sie sich fest vorgenommen. Heute morgen im Kindergarten hat

Cornelia laut gelacht, als Sandra das mit dem Kakao passiert ist. Daß man nach dem Trinken die Tasse nicht mehr richtig auf den Tisch stellt, daß die Tasse umkippt und der Kakao, der noch drin war, über das neue weiße Kleid schwappt, das kann jedem einmal passieren.

Frau Buchmüller hat das auch gesagt und das Kleid so gut es ging ausgewaschen. Alle haben Sandra getröstet, weil sie sich so erschreckt hatte. Alle. Nur Cornelia nicht!

Cornelia hat laut gelacht, als Sandra in ihrem weißen Kleid mit dem großen braunen Fleck dastand. Richtig ausgelacht hat sie Sandra. Und Cornelia ist Sandras beste Freundin.

Nein! Cornelia war ihre beste Freundin!

Das ist jetzt aus.

Sandra hat den ganzen Tag kein Wort mehr mit Cornelia gesprochen.

Cornelia hat ihr später ein Bonbon schenken wollen und noch später sogar das neue Puppenkleid, das sie erst seit gestern besitzt. Aber Sandra hat sich abgewendet, ist einfach davongegangen. Nein, Cornelia ist nicht mehr ihre Freundin. Sie will nie mehr mit Cornelia spielen. Nie mehr!

Am Nachmittag klingelt es. Cornelias Mutter ist gekommen.

Ob Sandra vielleicht mit Cornelias Mutter sprechen würde, fragt Mutti.

Cornelias Mutter ist immer sehr lieb zu Sandra gewesen. Sie kann nichts dafür, daß sie eine so scheußliche Tochter hat. Deshalb ist Sandra schließlich bereit, mit Cornelias Mutter zu sprechen.

„Cornelia ist sehr traurig!", sagt die Mutter. „Sie weint und hat mich so lange gebettelt, bis ich zu dir gekommen bin!"

„Warum ist sie nicht selbst gekommen?", fragt Sandra.

„Sie getraut sich nicht mehr, weil du im Kindergarten nichts mehr von ihr wissen wolltest. Aber ihr seid doch Freundinnen!"

„Wir waren Freundinnen!", sagt Sandra leise und merkt, daß es ihr innendrin sehr weh tut.

„Sie hat dich ausgelacht!", sagt Cornelias Mutter.

Sandra nickt und kämpft mit den Tränen.

„Du weißt doch, daß sie über alles lachen muß!", versucht die Mutter zu erklären. „Sie ist so albern. Und hinterher tut es ihr manchmal leid. Sie sagte, es sei so lustig gewesen."

„Für mich war das nicht lustig!", sagt Sandra.

„Jetzt ist es für Cornelia auch nicht mehr lustig!", meint die Mutter.

„Jetzt ist sie so traurig, daß sie nur noch weint, seit sie aus dem Kindergarten nach Hause gekommen ist. Sie will auch gar nichts essen."

Da hat Sandra plötzlich Mitleid mit Cornelia. Sie weiß ja auch,

wie schlimm es ist, wenn man plötzlich lachen muß und andere sich darüber ärgern.

„Sag ihr …", beginnt sie zögernd, „wenn sie Lust hat, kann sie noch ein bißchen zu mir kommen!"

Als dann Cornelias Mutter geht, nimmt sich Sandra vor, zuerst noch ein bißchen böse zu sein, aber nur ein bißchen. Aber dann will sie versuchen, alles zu vergessen. Schließlich ist Cornelia ihre beste Freundin.

Rolf Krenzer

Streitigkeiten untereinander gibt es immer. Wichtig ist aber, daß danach ein Weg zur Versöhnung gefunden wird. Die Kinder können von Streitigkeiten erzählen, die sie selbst erlebt haben, aber auch davon, wie es wieder zu einer Versöhnung gekommen ist.

Im Rollenspiel lassen sich Situationen, die zu Streitigkeiten führen, darstellen, aber auch Lösungen finden.

Streit, Streit, Streit …   Text: Rolf Krenzer * Musik: Ludger Edelkötter

2. Streit, Streit, Streit.
Es ist sehr schnell soweit.
Wenn zwei sich nicht vertragen,
wenn sie sich Böses sagen

und endlich gar noch schlagen …
Ja, dann ist es soweit:
Nichts als Streit, Streit, Streit!

3. Streit, Streit, Streit.
   Es ist sehr schnell soweit.
   Keiner will unterliegen,
   den andern nur besiegen.
   Und so kommt es zu Kriegen ...
   Ja, dann ist es soweit:
   Nichts als Streit, Streit, Streit!

4. Seid euch gut!
   Bezwingt doch eure Wut!
   Laßt es damit bewenden.
   Laßt uns den Streit beenden,
   faßt fest euch an den Händen,
   bezwingt doch eure Wut!
   Seid euch wieder gut!

Im folgenden Lied werden negative Verhaltensweisen genannt und positiven gegenübergestellt. Wenn sich alle um gutes Zusammenleben bemühen, dann können einzelne Menschen, aber auch Gruppen besser miteinander auskommen.

Streitlied aus LP, MC und Liedheft: Biblische Spiellieder zum Misereor-Hungertuch aus Haiti. Alle Rechte beim impulse-musik-verlag, Natorp 2, 4406 Drensteinfurt.

Miteinander sprechen

Text: Rolf Krenzer * Musik: Peter Janssens

2. Miteinander lachen
   ist besser als verkrachen.
   Miteinander danken
   ist besser als sich zanken.

   Miteinander essen
   läßt manchen Streit vergessen.
   Miteinander lachen
   ist besser als verkrachen.

3. Miteinander singen
   ist besser als zu ringen.
   Eine Brücke bauen
   ist besser als zu hauen.
   Sich versöhnen lassen
   ist besser als zu hassen.
   Miteinander singen
   ist besser als zu ringen.

4. Wenn wir uns vertragen,
   braucht keiner sich zu schlagen,
   sich nicht zu bekriegen
   und nicht im Kampf zu siegen.
   Und es gibt ab heute
   dann viel mehr frohe Leute.
   Laßt es uns mal wagen
   und uns heut gut vertragen.

Aus MC und Liedheft: „Ich schenk' dir einen Sonnenstrahl", 1985. Rechte im Peter Janssens Musik Verlag, 4404 Telgte.

Zu dem Text des Liedes werden pantomimisch alle möglichen Formen von Drohhaltungen ausprobiert. Wir können uns dabei so wütend angucken, daß wir lachen müssen. Wir stehen uns in der ersten Strophe zu zweit gegenüber, bei der zweiten zu viert. Zu der dritten Strophe fassen wir uns an den Händen und bilden im Kreis eine Brücke von einem zum anderen. Dann gehen wir immer näher aufeinander zu und legen zur letzten Strophe die Arme über unsre Schultern.

Brücken bauen von einem Menschen zum andern

Eingewöhnen in eine neue Umgebung. Schwierigkeiten des Einfindens in eine neue Gruppe. Anbahnung neuer Freundschaften. Verständnis für den andern

Neu im Kindergarten

Till fühlt sich gar nicht wohl, als er im Gruppenraum des Kindergartens an der Hand von Frau Bergmann steht.
„Till gehört jetzt zu uns!", sagt Frau Bergmann und führt Till zur Spielecke. Die anderen Kinder blicken neugierig zu ihm auf, sehen ihn an, mustern ihn.
Till ist immer gern in den Kindergarten gegangen. Er hat auch viele Freunde dort gehabt. Aber das war in München gewesen. Und jetzt ist er mit seinen Eltern nach Düsseldorf gezogen. Es fällt ihm schwer, sich hier einzugewöhnen. Die Leute sprechen so anders. Überhaupt ist alles so ganz anders als in München. Alles ist fremd, und er kennt keinen einzigen Menschen.
„Grüß Gott!", sagt er schließlich, als alle ihn anstarren.
Da fangen die Kinder laut an zu lachen. „Grüß Gott" hat hier im Kindergarten in Düsseldorf noch keiner gesagt.
„Er kommt aus Bayern!", sagt Frau Bergmann und nimmt Till in den Arm. Dort sprechen die Leute ein bißchen anders als hier. Ick hawe och lange jebraucht, bis ick mir hier einjewöhnt hawe!"
Jetzt lachen die Kinder nicht mehr über Till, sondern über Frau Bergmann. Sie spricht so komisch!
„Da kiekt ihr, wa?", lacht Frau Bergmann laut mit. „Ick komme nämlich direktemang aus Berlin. Ick bin von Berlin nach Düsseldorf jezogen. Un Berlin is det Schönste überhaupt!"
Die Kinder schütten sich aus vor Lachen, weil Frau Bergmann so seltsam redet. Aber dann wird Frau Bergmann ernst und sagt: „Was meint ihr wohl, wie sie in Bayern oder in Berlin la-

chen würden, wenn sie euch reden hörten. Man spricht nämlich überall in Deutschland etwas anders."

Till hat zuerst ganz still zugehört. Als dann aber Frau Bergmann so komisch gesprochen hat, da hat er auch ein bißchen lachen müssen.

„I hob dich kaum verstanden!", sagt er schließlich.

„Wir auch nicht!" rufen die anderen. „Sag es doch einmal richtig!"

„Das ist in Berlin sehr richtig!", lacht Frau Bergmann, sagt aber dann alles noch einmal ganz langsam und so hochdeutsch, daß die Düsseldorfer Kinder sie auch verstehen können.

„Gibt's in Bayern auch so viele Bausteine im Kindergarten?", fragt Sven und lädt Till ein, sich zu ihm zu setzen.

„Schon, aber auch viele Autos!", meint Till. Eins hob i hier!" Da dauert es nicht lange, bis viele Kinder um Till herumsitzen und sein Auto probieren wollen, das er im richtigen Augenblick aus der Hosentasche gezogen hat.

Da stört es keinen mehr, daß man manchmal noch einmal nachfragen muß, wenn man zunächst die Sprache des anderen nicht richtig versteht.

Als aber Frau Bergmann den Kakao und die Milch auf den Tisch stellt und zum Frühstück einlädt, da springen alle auf. Und auch Till weiß, was das bedeutet.

„Oh, Brotzeit!" ruft er.

„Er meint Frühstück!", schreit Sabine und freut sich, daß sie gleich verstanden hat, was Till meint.

„Das ist ein schönes Wort!", lacht Gerd. „Viel schöner als Frühstück!"

„Bei mir ist heute Brötchenzeit!", sagt Ingo und packt zwei große dick mit Wurst belegte Brötchen aus seiner Tasche aus und legt sie vor sich auf den Tisch.

Rolf Krenzer

Der Text fordert dazu auf, im Rollenspiel unterschiedliche Dialekte oder Sprachen auszuprobieren, neue lustige Situationen zu erfinden und auszuspielen.

Kinder, die andere Sprachen sprechen, können mit Zeichen, Bildern erklären, was die einzelnen Wörter bedeuten. Viel Spaß macht es auch, wenn man eine Geheimsprache entwickeln kann, zum Beispiel die B-Sprache: Ibich hababebe dibich sobo gebern usw.

Methodische Anregungen zur Weiterführung von Texten

Das folgende Spiellied lädt dazu ein, auf den anderen zuzugehen, mit ihm nach und nach vertrauter zu werden, sich mit ihm zu freuen, mit ihm zu lachen, ihn zu spüren und zum Schluß sogar einen kleinen Tanz zu wagen.

**Einstimmungslied in einen
Elternabend**

Der Spielleiter beginnt, geht auf einen Mitspieler im Kreis zu, stellt sich neben ihn und reicht ihm dann die Hand. Er geht mit ihm im Kreis herum, hängt sich bei ihm ein usw. Beim nächstenmal darf jeder zu einem anderen gehen, sich an seine Seite stellen, ihm die Hand geben usw. Ein solches Lied läßt sich auch als Einstimmungslied zu einem Elternabend einsetzen, weil dann, wenn man einmal zusammen gesungen und gelacht hat, viele Hemmungen verschwunden sind, so daß man viel freier und fröhlicher miteinander umgeht. Und auch die, die sonst lieber nichts sagen, werden leichter zum Sprechen angeregt.

Weil ich grad dich so gerne mag   Text: Rolf Krenzer * Musik: Peter Janssens

2. Weil ich grad dich so gerne mag,
   sag ich dir klipp und klar:
   Wenn du mir deine Hände gibst,
   dann ist das wunderbar.
   Na klar, na klar,
   wenn du mir deine Hände gibst,
   dann ist das wunderbar.

3. Weil ich grad dich so gerne mag,
   sag ich dir klipp und klar:
   Häng dich ein bißchen bei mir ein,
   dann ist das wunderbar.
   Na klar, na klar,
   häng dich ein bißchen bei mir ein,
   dann ist das wunderbar.

4. Weil ich grad dich so gerne mag,
   sag ich dir klipp und klar:
   Wenn du mit mir spazieren gehst,
   dann ist das wunderbar.
   Na klar, na klar,
   wenn du mit mir spazieren gehst,
   dann ist das wunderbar.

5. Weil ich grad dich so gerne mag,
   sag ich dir klipp und klar:
   Leg einfach deinen Arm um mich,
   dann ist das wunderbar.
   Na klar, na klar,
   leg einfach deinen Arm um mich,
   dann ist das wunderbar.

6. Weil ich grad dich so gerne mag,
   sag ich dir klipp und klar:
   Wenn du mit mir ein Tänzchen wagst,
   dann ist das wunderbar.
   Na klar, na klar,
   wenn du mit mir ein Tänzchen wagst,
   dann ist das wunderbar.

7. Weil uns das Tanzen Freude macht,
   das weiß doch jedermann,
   fängt unser Lied und unser Tanz
   nochmal von vorne an.
   Ja dann, ja dann
   fängt unser Lied und unser Tanz
   nochmal von vorne an.

Aus MC und Liedheft: „Ich schenk' dir einen Sonnenstrahl", 1985. Rechte im Peter Janssens Musik Verlag, 4404 Telgte.

Im Spiellied ergeben sich die unterschiedlichsten Möglichkeiten, Formen des Miteinanders zu erleben. Dabei ist die harmonisch gestimmte Melodie des einzelnen Liedes Basis für ein freundliches und vertrauensvolles Umgehen miteinander. Selbst dann, wenn sonst als unangenehm empfundene Äußerungen (meckern, schimpfen usw.) dann mimisch und gestisch und auch akustisch dargestellt werden, bleibt die Harmonie bestehen, so daß man meckern, schimpfen usw. darf. Auch sonst immer verdrängte oder als Fehlanpassung angesehene Äußerungen dürfen ausgelebt werden.

Ein Beispiel stellt das folgende Lied dar. Zu Beginn fordern einer oder mehrere Mitspieler die übrigen auf, mitzumachen. Auch während der einzelnen Strophen gehen sie ohne weitere Aufforderung auf die Mitspieler zu. Dabei werden die einzelnen vom Text gegebenen Angebote von allen nach und nach in entsprechenden Gesten und Bewegungen umgesetzt. Auch dieses Lied eignet sich zur Einstimmung eines Elternabends.

Ein Spiellied, nicht nur für Kinder, sondern auch für Erwachsene

Willst du mit uns singen   Text: Rolf Krenzer * Musik: Peter Janssens

Aus dem Musikspiel: „Noah unterm Regenbogen". LP, MC, Spielheft, 1984. Rechte im Peter Janssens Musik Verlag, 4404 Telgte.

Die Geschichte vom Obstsalat

Heute will Frau Heimann mit der ganzen Gruppe Obstsalat zu-
bereiten. Sie hat an alles gedacht: Eine ganz große Schüssel,
Messerchen, um das Obst zu schälen und zu schneiden, auch
Zucker und süße Sahne. Das Obst haben die Kinder mitge-
bracht: Äpfel und Birnen, Weintrauben, Apfelsinen und Bana-
nen, dazu Nüsse und Rosinen. Das wird ein köstlicher
Obstsalat werden.
Eifrig beginnen die Kinder, ihr Obst auszupacken und nach den
Messerchen zu greifen. „Geht bitte ganz vorsichtig damit um!",
sagt Frau Heimann. „Sie sind scharf!"
Da steht plötzlich Marina vor ihr. Ganz ernst blickt sie Frau Hei-
mann an, und Tränen stehen ihr in den Augen.
„Du hast dich doch nicht schon geschnitten?", fragt Frau Heimann und greift nach Marinas Hand.
Marina schüttelt ernst den Kopf! „Ich gehe jetzt wieder nach
Hause", sagt sie leise.
„Aber du hattest dich doch auch so sehr auf unseren Obstsalat
gefreut!" Frau Heimann blickt Marina verständnislos an.
Da verzieht sich Marinas Mund, und jetzt laufen dicke Tränen
über ihre Backen. „Ich habe aber doch die Äpfel vergessen, die
ich mitbringen wollte!", jammerte sie. „Sie liegen zu Hause auf
dem Küchentisch!" „Ich habe meine Sachen auch vergessen!",
sagt Jens, der leise neben Marina getreten ist. „Meine Mutter
hat es vergessen!"
„Das ist doch nicht schlimm!", lachte Frau Heimann und drückt
jedem der beiden Kinder ein Messerchen in die Hand. Schaut,
wir haben alle unsere Sachen in die Mitte auf den Tisch gelegt.
Nehmt euch etwas davon und helft mit, damit wir bald unseren
Obstsalat aufessen können.
Als dann alles Obst geschnitten ist, als der Obstsalat mit Zuk-
ker und Sahne abgeschmeckt ist, stellt Frau Heimann viele Tel-
lerchen auf den Tisch. Anette und Udo verteilen den Obstsalat
auf die Teller, und alle passen auf, daß keiner zuviel oder zu wenig erhält.
„Das hätte ich nicht gedacht!", sagt Marina zu Jens, als sie den
großen Obstsalatberg von ihrem Teller löffelt. „Wir haben gar
nichts mitgebracht. Und jetzt hat jeder soviel!"
Frau Bergmann hat gehört, was Marina gesagt hat.
„So ist es immer, wenn man teilt!", sagt sie. „Dann bekommt jeder etwas. Und jeder hat genug, um satt zu werden!"
„Das ist fast ein Wunder!", sagt Jens und holt sich mit seinem
Löffel ein großes Bananenstück vom Teller.

**Wenn wir miteinander teilen,
erhält jeder etwas**

Rolf Krenzer

Die Geschichte braucht nicht vorgelesen zu werden. Sie läßt sich direkt in der Praxis verwirklichen und erleben. Wenn gemeinsam geplant wird, etwas zu kochen oder zuzubereiten, geschieht es immer wieder, daß einer vergessen hat, etwas dafür mitzubringen. Und das Staunen ist groß, wenn man erlebt, daß trotzdem alle genug haben, wenn anschließend gerecht verteilt wird.

Die Geschichte von der wunderbaren Brotvermehrung[1] kann im Anschluß daran erzählt und auf Bildern betrachtet werden.

Das folgende Lied vom Teilen greift Situationen auf, die das Kind täglich erlebt. Es kann beliebig variiert und erweitert werden.

[1] Dazu eignet sich das Lied: „Der kleine Jonathan" aus: „Biblische Spiellieder zum äthiopischen Misereor-Hungertuch". LP und Liedheft, Misereor Aachen und impulse-musikverlag Drensteinfurt. (Mit Jesus erlebt Jonathan, wie beim Teilen Wunder geschehen können.)

Gibst du mir von deinem Apfel ab – Lied vom Teilen

Text: Rolf Krenzer * Musik: Peter Janssens

1. Gibst du mir von deinem Apfel ab, weil ich heute nichts zu essen hab'? Ich denke, das verspreche ich, beim nächstenmal an dich! Gut zusammen-le-ben. Teilen, nehmen, geben. Wenn jeder etwas hat, dann werden alle satt, wenn jeder etwas hat, dann werden alle satt.

2. Gibst du mir von deinem Frühstück ab?

3. Gibst du mir von deinem Kuchen ab?

4. Gibst du mir von deiner Limo ab,
   weil ich heute nichts zu trinken hab' ...

5. Gibst du mir von deinem Spielzeug ab,
   weil ich heute gar nichts bei mir hab'?
   Ich denke, das verspreche ich,
   beim nächstenmal an dich.
   Gut zusammenleben.
   Teilen, nehmen, geben.
   Teilst du, was du hast, mit mir,
   dann freu' ich mich mit dir.

Aus MC und Liedheft: „Ich schenk' dir einen Sonnenstrahl", 1985. Rechte im Peter Janssens Musik Verlag, 4404 Telgte.

6. Gibst du mir von deinen Stiften ab?

7. Gibst du mir von deinem Kleister ab?
   usw.

Das, was wir täglich haben, was uns vielleicht selbstverständlich ist, ist für andere unerreichbar. Zwei Drittel der Menschen, die auf der Welt leben, leiden Hunger. Gott will, daß alle Menschen satt werden (Matth. 25, 34–35). Das heißt, daß wir von unserem Überfluß abgeben, daß wir teilen lernen.

Überfluß

Butter, Honig, Marmelade,
Gummibärchen, Schokolade,
Cornflakes, Milch und süßer Reis,
Marzipan und Himbeereis.
Ja, ich leb' im Überfluß,
wenn der and're hungern muß.

Fleisch, Pommes frites und Jägersoße,
Reis mit Huhn, Fleisch aus der Dose,
Nudeln, Ketchup, Apfelbrei,
frisches Brot zum Frühstücksei.
Ja, ich leb' im Überfluß,
wenn der and're hungern muß.

Äpfel, Pflaumen und Tomaten,
Kotelett, Schnitzel, Rinderbraten,
Sahne, Zucker zum Kaffee
und Zitrone in den Tee.
Ja, ich leb' im Überfluß,
wenn der and're hungern muß.

Alle können besser leben,
wenn wir teilen, wenn wir geben,
daß ein jeder etwas hat,
denn dann werden alle satt.
Und es wird mein Überfluß
überflüssig dann zum Schluß.

Rolf Krenzer

Dieser Text liegt auf Cassette, LP und Liedheft in zwei verschiedenen Vertonungen vor, und zwar von Siegfried Fietz auf der LP: „Ein Regenbogen bunt und schön" (Abakus, Greifenstein/Studio Union, Limburg), sowie von Ludger Edelkötter auf der LP: „Halte zu mir heute, guter Gott" (impulse-musikverlag, Drensteinfurt/Studio Union, Limburg).

Methodische Anregung zur Weiterführung des Textes „Überfluß"

Nicht allen Menschen geht es so gut, daß sie reichlich zu essen haben. Der Text kann zunächst zum Nachdenken bringen und zum Sprechen darüber, daß Vieles nicht selbstverständlich ist. Wir können aufzeigen, was wirklich zu den wichtigsten Lebensbedürfnissen gehört, was weniger wichtig, wünschenswert oder sogar ganz überflüssig ist. Die Aufzählung der Nahrungsmittel stellt nur ein Beispiel dar, das durch Kleidungsstücke, Spielzeug, Materialien, Einrichtung der Wohnung usw. ergänzt werden kann. Eine Vertiefung bieten Fotos, Bilder und Texte, die Lebensmittel, die im Lied genannt werden, zusammentragen, um konkret zu verdeutlichen, in welchem Überfluß wir leben.

Gutes Material wird von dem Bischöflichen Hilfswerk Misereor e. V. in Aachen angeboten, z. B. die Bilderbücher: „Gita und ihr Dorf in Indien", „Gimba und Golka – Bilder aus einem Dorf in Kamerun", „Unter dem gleichen Regenbogen". Religionspädagogische Hilfen gibt die Sammlung: „Kinder erleben die Dritte Welt" von Johannes Bernhauser und Karl-Heinz Stockheim. Weitere Texte mit methodisch-didaktischen Ausarbeitungen in den beiden Werkbüchern von Rolf Krenzer „Ich wünsch' dir einen guten Tag", und: „Ich wünsche dir ein gutes Jahr". Lahn-Verlag, Limburg.

Dagegen lassen wir uns zeigen oder berichten, was Kinder in ärmeren Ländern zu essen haben. Wir essen einmal etwas, was Kinder in anderen Ländern essen: z. B. ein Hirsegericht oder Reis. Auch Collagen von Lebensmitteln und Überflußartikeln können die Situation verdeutlichen. Die Verdeutlichung allein reicht aber nicht aus. Wir sollten gemeinsam überlegen, was wir mit der Gruppe, mit unserer Familie oder auch allein tun könnten, um zu helfen. Es wäre gut, wenn daraus eine Aktion oder Aktionen ausgelöst würden, die von Kindern überschaut und bewältigt werden können. Warum sollte z. B. nicht im Kindergarten das Opferkästchen zur Kinderfastenaktion aufgestellt werden?

Gebete

Lieber Gott,
wir danken dir, daß wir uns alle satt essen dürfen.
Wir danken dir, daß wir täglich satt werden.
Hilf den Kindern in der Welt,
die Hunger haben.
Hilf, daß sie auch satt werden. Amen.

Hilf uns, Herr, daß wir lernen,
mit anderen zu teilen.
Hilf auch den Erwachsenen,
daß sie es mit uns zusammen lernen. Amen.

Es hat uns heute so gut geschmeckt.
Dafür danken wir dir, guter Gott.
Laß uns auch morgen wieder satt werden.
Hilf uns, daß wir denen helfen können,
die jetzt Hunger haben. Amen.

Schenk uns Zeit!
Schenk uns Zeit,
Zeit aus deiner Ewigkeit!
Zeit zum Nehmen,
Zeit zum Geben,
Zeit zum Miteinanderleben.
Zeit zum Trinken,
Zeit zum Essen,
Zeit, um keinen zu vergessen.
Zeit zum Beten
in der Not.
Zeit zum Danken, guter Gott!   Rolf Krenzer

Gerade hier ist uns die große Chance gegeben, Kinder wach für den anderen, für die Sorgen des anderen zu machen. Aber das kann nur dann gelingen, wenn wir uns selbst wach für den anderen in unserer Gruppe werden lassen.
Wir haben es mit einem ganz einfachen Lied versucht, das wegen seiner besonderen Umsetzung in ein Spiel Vertrauen und Erstaunen bewirken kann.

Voraussetzung ist, daß wir alle zunächst in einem Stuhlkreis sitzen und ganz ruhig werden. Wenn dann die Melodie angestimmt wird, schließen wir alle (auch der Spielleiter!) die Augen und stehen ganz vorsichtig von unserem Kreis auf und bewegen uns auf die Kreismitte zu. Wir halten die Augen immer geschlossen und tasten mit unseren Händen. Wenn wir einen anderen berühren, geben wir ihm die Hand, drücken sie, streicheln sie und überlegen uns dabei, wer es vielleicht sein könnte. Wir können die Hand festhalten und gemeinsam mit dem anderen weitergehen. Wir können sie auch wieder loslassen und nach anderen Händen suchen. Wenn dann das Lied zu Ende ist, öffnen wir alle wieder die Augen und sehen die an, die jetzt neben uns stehen, und sprechen darüber, ob wir sie an den Händen erkannt haben. Oft bildet sich ein Kreis, manchmal sind es kleine Gruppen, die sich bei diesem Lied gefunden haben. Aber jeder erfährt dabei, wie schön es ist, sich in diesem Kreis geborgen zu wissen, sich vertrauensvoll dem anderen anzuvertrauen und von ihm angenommen zu werden:

Vogel, fliege deine Runden

Text: Rolf Krenzer *Musik: Peter Janssens

Abgewandelter Text aus: LP, MC und Spielheft „Noah unterm Regenbogen", 1984. Rechte im Peter Janssens Musik Verlag, 4404 Telgte.

Meditation mit Vorschulkindern

Ich habe es oft erleben dürfen, daß bereits Vorschulkindern eine Meditation möglich ist, wenn alle die Augen schließen und den Worten folgen:

Wir schließen alle unsere Augen. So fest, daß wir gar nichts mehr sehen.
Wir werden ganz still und denken daran, daß wir Hände haben.
Wir bewegen unsere Hände ganz leicht und jetzt die Finger.

Wir haben alle Finger hoch und lassen sie jetzt nach unten zur
Erde zeigen.
Jetzt heben wir sie ganz langsam wieder hoch.
Wir geben uns die eigenen Hände.
Wir drücken sie.
Wir streicheln uns selbst unsere Hände.
Wir kitzeln uns ein bißchen,
eine Hand kitzelt die andere Hand.
Jetzt fahren wir mit der Hand über unseren anderen Arm
ganz langsam bis hoch zur Schulter und wieder zurück.
Jetzt streichen wir mit der anderen Hand über den anderen
Arm.
Ganz hoch, ganz langsam bis zur Schulter und wieder zurück.
Jetzt verabschieden sich unsere Hände voneinander.
Wir drücken uns unsere Hände noch einmal.
Jetzt lassen wir sie los.
Jetzt wollen unsere Hände noch mehr entdecken:
die Brust – den Bauch – ein bißchen den Po – die Beine – die
Knie – die Füße.
Ganz langsam kommen unsere Hände wieder nach oben.
Wir strecken unsere Arme nach vorn, ganz weit.
Jetzt strecken wir die Arme ganz vorsichtig nach beiden Seiten.
Wir suchen, ob wir die Hände der Kinder finden,
die neben uns sitzen.
Immer die Augen noch zulassen.
Immer weiter suchen.
Wenn wir eine Hand gefunden haben, halten wir sie fest.
Wenn wir auf beiden Seiten von uns Hände gefunden haben,
halten wir sie fest – drücken sie – streicheln sie – und jetzt öff-
nen wir die Augen
und lachen uns an.

Eine solche Meditation kann auch auf das Gesicht, auf Nase
und Mund, Augen, Augenbrauen, Haar usw. erweitert werden.

**Meditation: Sich selbst und
den anderen erleben, erfahren**

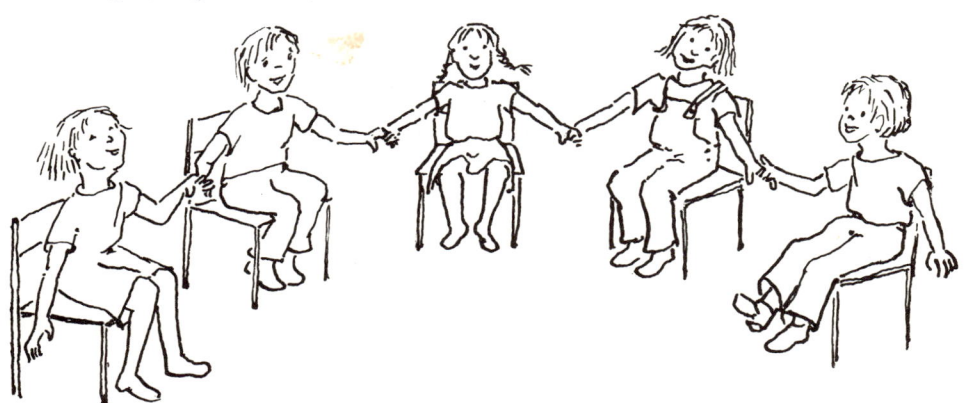

4. Mein Tageslauf

Der Tag wird begrenzt vom Morgen und vom Abend. Zwischen dem heutigen und dem morgigen Tag liegt die Nacht. Wenn das Kind abends im Bett liegt, ist der Tag mit all seinen Erlebnissen bereits Vergangenheit. Ein Tag folgt dem anderen ebenso wie eine Nacht der anderen. Eine Reihe von Tagen bildet eine Woche, Wochen bilden Monate und Monate Jahre. Unsere Zeit steht in Gottes Händen. Wir leben in Gottes Schöpfung unser Leben, das wir von Gott erhalten haben.

Die Zeit, die das Kind am Tag im Kindergarten verbringt, gehört zu seinem Alltag. Wenn ein besonderer Tag, ein Feiertag, begangen wird, ist der Kindergarten geschlossen. Nur den Geburtstag kann das Kind im Kindergarten auch feiern.

Jeder Tag soll freudige Erlebnisse bringen

Unser Ziel soll es sein, jeden Tag, den das Kind mit uns verbringen darf, zu einem Tag werden zu lassen, der ihm freudige Erlebnisse mit uns zusammen bringt und der es erfahren läßt, wie man gut zusammen leben kann. Im Alltag können das laute, fröhliche, bewegungsreiche Situationen sein, aber auch stille, feierliche und tröstende, die dem Kind Vertrauen und Geborgenheit vermitteln. Da gehört ganz bestimmt der Morgenkreis hinzu, der dem Kind eine feste Ordnung vermittelt. Es steht oder sitzt mit in diesem Kreis, singt und spielt mit und beginnt den Tag im Kindergarten freudig. Das ist deshalb besonders wichtig, weil nicht jedes Kind, das hier im Morgenkreis mit uns zusammensitzt, auch zu Hause seinen Tag so gut begonnen hat. Dieser Morgenkreis gibt ihm Ruhe, Entspannung und auch Einstimmung auf das, was im Verlauf des Tages hier im Kindergarten alles geschehen kann, was es erleben darf. Hier kann auch ein Morgengebet gesprochen werden. Ein Gebet in gebundener Form, das jeden Morgen wiederkehrt und von Morgen zu Morgen vertrauter wird. Aber auch ein freies Gebet, das sich direkt auf die vergangene Nacht und auf den heutigen Tag be-

Morgenkreis

zieht. Ein Gebet, das Dank- und Bittgebet ebenso sein
kann wie Fürbittgebet.

Morgengebete

Gott, wir danken dir, daß wir uns heute wieder gesund
und in Frieden hier treffen dürfen.
Wir danken dir, daß alle gut ausgeschlafen sind.
Wir bitten dich für Karin, die noch krank ist.
Laß sie bald gesund werden und wieder bei uns sein.
Wir bitten dich: Laß diesem guten Morgen auch einen guten
Abend folgen.

Wir sprechen ein Gebet, bei dem reihum jedes Kind etwas
aussprechen kann, wofür es Gott danken möchte:

Lieber Gott, wir möchten dir danken,
daß heute die Sonne scheint …
daß ich gesund bin …
daß ich keine Bauchschmerzen mehr habe …
daß ich heute schon einen Vogel singen gehört habe …
daß wir heute weiterbauen wollen …
Amen.

Ein Morgenlied kann auch ein Gebet sein, das von allen
mitgebetet wird.

Ein zweiter immer wiederkehrender Punkt im Tagesablauf stellt das gemeinsame Frühstücken dar. Auch hier
kann ein einfaches Dankgebet oder Danklied eingesetzt
werden. Neben den vielen Dankliedern sind es besonders
solche, die das Kind selbst zum aktiven Mitbeten anregen,
die wir verstärkt anbieten.

Das folgende sehr einfache Danklied ist vor einigen Jahren einmal in meiner Gruppe vor dem gemeinsamen Frühstücken
spontan entstanden. Wir packten alles aus, was wir mitgebracht
hatten, und jeder dankte persönlich dafür, für das Brötchen,
den Apfel, das Knäckebrot, den Joghurt, die Apfelsine, die
Milch usw.
Die Melodie ist so einfach, daß sie von einem Kind vorgesungen
oder auch gesprochen werden kann.
Ich fand das Lied später wieder bei Kirchentagen, wo es beim
gemeinsamen Essen und Teilen gesungen wurde und viele Erwachsene mit diesen einfachen Zeilen ihren Dank aussprachen.

Morgengebete
Morgenlieder

Eine Reihe solcher Lieder findet
man in den Sammlungen: „100
einfache Lieder Religion", und:
„Regenbogen bunt und schön",
beide Kaufmann, Lahr/Kösel,
München. Eine ganze Sammlung
von Liedern und Texten zum
Tageslauf ist unter dem Titel:
„Ich wünsch' dir einen guten
Tag" beim Lahn-Verlag, Limburg, herausgekommen. Dazu
gleichnamige LP und MC.
Das Morgenlied: „Ich sag dir
GUTEN MORGEN (Seite 30)
läßt sich mit immer neuen Strophen als Spiellied im Spielkreis
einsetzen.

Lieber Gott, wir danken dir für das Brot

Text und Melodie: Rolf Krenzer

Lieber Gott, ich danke dir für die Milch …
Lieber Gott, ich danke dir für den Apfel …

aber auch
Lieber Gott, ich danke dir für das Spiel …
Lieber Gott ich danke dir für den schönen Morgen …
Lieber Gott ich danke dir, daß die Sonne scheint …
usw.

Aus „100 einfache Lieder Religion" Kaufmann, Lahr/Kösel, München. Rechte beim Autor.

Aufgaben, Inhalte und Ziele einer religiösen Erziehung sind im Bereich des Tagesverlaufs wie folgt zu sehen:

Aufgaben, Inhalte, Ziele im Tageslauf

- Tag und Nacht bewußt erleben;
- Über den Tagesablauf nachdenken und berichten;
- erfahren, was man am Tag alles sehen und erleben kann;
- erfahren, was man in der Nacht alles sehen und erleben kann;
- berichten über Erlebnisse am Morgen, am Abend;
- beobachten und besprechen, daß und wie Menschen, Tiere und Pflanzen schlafen;
- etwas von Nachttieren und von Tagtieren erfahren;
- Menschen arbeiten am Tag und schlafen in der Nacht; es gibt auch Menschen, die in der Nacht arbeiten müssen.
- Gott danken, daß er Morgen und Abend werden läßt, Tag und Nacht;

- Gott danken, daß er uns Tag und Nacht behütet;
- erfahren, daß Gott der Schöpfer von allem ist, was wir selbst täglich um uns sehen und erleben, daß er ebenso unser Vater ist.

Zwei Spirituals, die davon erzählen, haben sich wegen ihres außerordentlich starken emotionalen Spielgehaltes in unserem Anliegen bewährt:

He's got the whole world in his hands

Gott hat die ganze Welt in seiner Hand.
Gott hat die ganze Welt in seiner Hand.
Gott hat die ganze Welt in seiner Hand.
Gott hat die Welt in seiner Hand.

Wir gehen im Kreis herum und machen während unseres Singens Gesten, auf welche Weise Gott die Welt in seiner Hand (in seinen Händen) hält: mit weit ausgebreiteten, behütenden, offenen, umfassenden Händen. Die Welt, die wir darstellen, kann groß und klein sein. Jeder darf einmal zeigen, auf welche Weise die Welt von Gott gehalten wird. Einer macht es vor, und die anderen machen es nach. Zum Schluß halten wir uns alle an den Händen und gehen ganz eng aufeinander zu. Dazu singen wir: „Gott hält uns alle in seiner Hand."

Zu diesem Lied lassen sich viele weiteren Strophen erfinden, die dann auch mit Gesten zu den Worten dargestellt werden können:

... Gott hält die Großen und die Kleinen in seiner Hand;
... Gott hält die Dicken und die Dünnen in seiner Hand;
... Gott hält die Lauten und die Stillen in seiner Hand;
... Gott hält die winzigkleinen Babys in seiner Hand ... usw.

Rock my soul

Gottes Liebe ist so wunderbar.   Soooooo hoch, daß keiner darüber kann,
Gottes Liebe ist so wunderbar.   soooooo tief, daß keiner darunter kann,
Gottes Liebe ist so wunderbar.   soooooo weit, daß keiner vorüber kann.
Liebe ist so wunderbar.   Liebe ist so wunderbar.

Wir halten unsere Hände so hoch, daß niemand darüber kann, wir recken uns dabei auf die Zehenspitzen. Danach gelangen unsere Hände bis auf die Erde, daß niemand darunter kann. Und dann breiten wir die Hände so weit wir nur können auseinander.

Im Kindergarten sollten wir dem Kind aber auch Gebetshilfen zu Morgen- und Abendgebeten geben, die es allein
beten kann, wenn seine Eltern nicht mit ihm beten, zum
Beispiel:

Gebetshilfen zu eigenen Mor-
gen- und Abendgebete

Morgengebete

Ein neuer Tag hat angefangen.
Ich bin gesund vom Schlaf erwacht
und danke dir für diesen Morgen
und für die gute Nacht. Amen.

Lieber Gott,
ich danke dir, daß ich gesund aufgewacht bin.
Beschütze mich bitte den ganzen Tag.
Beschütze meine Eltern.
Beschütze alle, die ich lieb habe. Amen.

Ich habe gut geschlafen
die ganze Nacht.
Du guter Gott im Himmel
hast mich bewacht.
Ich leg in deine Hände,
was kommen mag,
und bitte, bleibe bei mir
den ganzen Tag. Amen.

alle Rolf Krenzer

Halte zu mir, guter Gott

Text: Rolf Krenzer *Musik: Ludger Edelkötter

2. Du bist jederzeit bei mir.
   Wo ich geh' und steh'
   spür' ich, wenn ich leise bin,
   Dich in meiner Näh'.
   Halte zu mir, guter Gott,
   Heut' den ganzen Tag,
   Halt' die Hände über mich,
   was auch kommen mag.

3. Gibt es Ärger oder Streit
   und noch mehr Verdruß,
   weiß ich doch, Du bist nicht weit
   wenn ich weinen muß.
   Halte zu mir, guter Gott,
   heut' den ganzen Tag,
   Halt' die Hände über mich,
   was auch kommen mag.

4. Meine Freude, meinen Dank,
   alles sag' ich Dir.
   Du hältst zu mir, guter Gott,
   spür' ich tief in mir.
   Halte zu mir, guter Gott,
   Heut' den ganzen Tag,
   Halt' die Hände über mich,
   was auch kommen mag.

Aus LP + MC „Halte zur mir heute, guter Gott"
Alle Rechte beim: impulse-musik-verlag, Natorp 2, 4406 Drensteinfurt.

Abendgebete

Der Tag geht nun zu Ende,
er hat so viel gebracht.
Ich falte meine Hände
und bitte für die Nacht. Amen.

Lieber Gott,
draußen ist es dunkel.
Da möchte ich dir für alles danken,
was ich heute erleben durfte.
Behüte mich diese Nacht
und laß mich morgen gesund und froh erwachen. Amen.

Lieber Gott,
heute war kein schöner Tag.
Es hat Krach mit Papa gegeben.
Zum Schluß war alles wieder gut.
Aber ich bin immer noch ein bißchen traurig.
Ich wollte Papa doch nicht ärgern.
Hilf mir, guter Gott,
daß es morgen ein schönerer Tag wird als heute.
Hilf mir, daß ich mir Mühe gebe. Amen.

Zu dem folgenden „Sternenlied" stehen wir im Kreis um eine
Kerze herum. Wir heben ganz langsam die Hände und zeigen,
wie die Sterne hoch über den Bäumen stehen. Dann breiten wir
die Arme aus, lassen die Hände ganz langsam herunter sinken

Weitere Gebetslieder zum Morgen und Abend:
in MC und Liedheft: „Heut' ist ein Tag, an dem ich singen kann", Menschenkinder Musikverlag, Am Hagen 5, 4400 Münster-Hiltrup:
– Mein Gott
– Du hast uns deine Welt geschenkt
– Der Tag war lang
in LP/MC: „Ich wünsch' dir einen guten Tag", Abakus-Verlag, 6349 Greifenstein, und Lahn-Verlag, Limburg:
– Ich wünsch' dir einen guten Tag
– Der Schlaf ist nun zu Ende
– Ich wünsch' dir eine gute Nacht
in: Gebetssammlung: „Halte zu mir heute, guter Gott", Lahn-Verlag, Limburg, und gleichnamiger LP und MC.

und bitten dann mit nach vorn geöffneten Händen: Schenk uns
Schlaf. Das sehr einfache Lied kann auch als Kanon gesungen
werden, wobei die Gesten wichtige Hilfen bieten.

Sternenlied   Text: Rolf Krenzer * Melodie: Ludger Edelkötter

Die Sterne stehn hoch über den Bäumen. Gott
schenk uns Schlaf und laß und gut träu - men.
Schenk uns Schlaf. Schenk uns Schlaf.

Aus LP und MC: „Halte zu mir
heute, guter Gott". Alle Rechte
beim impulse-musikverlag, Natorp 2, 4406 Drensteinfurt.

Kirchenfeste im Jahreskreis

Einstimmung auf Feiertage und Feste im Kindergarten

Die eigentlichen Feste werden an besonderen Feiertagen gefeiert, also Tagen, an denen das Kind nicht in den Kindergarten kommt.

Aber diese Feste werden nur dann zum Erlebnis, wenn eine freudig erlebte Einstimmung auf den jeweiligen Feiertag erfolgt. Das wird im Kindergarten besonders in der Advents- und Osterzeit deutlich. Gerade diese Einstimmungszeit ist für das Vorschulkind oft wichtiger als das eigentliche Fest selbst.

Die hier vorgestellten Texte, Spiele und Lieder versuchen, das jeweilige Fest von seinem christlichen Inhalt her Kindern begreiflich zu machen, indem dieser Inhalt emotional vorgestellt wird. Die Reihenfolge dieser Feste entspricht der Folge, die das Kind erlebt, wenn es nach den Sommerferien wieder in den Kindergarten kommt.

1. Erntedank

Dank für die Ernte! Dank für die Gaben! Erntedanklieder eignen sich auch als Tischlieder vor den Mahlzeiten

Das Erntedankfest schließt zwei wichtige Inhalte ein: Gott für die Ernte, für das tägliche Brot danken – Die von Gott empfangenen Gaben mit anderen teilen.

So eignen sich die Erntedanklieder auch als Tischlieder vor den Mahlzeiten.

Alles für den Erntedanktisch

Erntedank. Dank für alles, was Gott uns gegeben hat, damit wir satt werden Tommy dankt auf seine Weise, ehrlich und vertrauend

Vor dem Erntedankfest wollen alle im Kindergarten einen Tisch mit den vielen Gaben aufbauen, die Gott in diesem Jahr wachsen ließ, damit wir alle satt werden. Am Samstagmorgen treffen sich die Kinder mit ihren Erzieherinnen im größten Raum.

Die Erzieherinnen haben einen Tisch vor die Wand mit den bunten Erntebildern gestellt und ihn mit einer Decke geschmückt. Auf dem Tisch steht auch ein Kreuz.

Als alle versammelt sind, holt Kerstin ihre Gitarre und beginnt ein Danklied zu singen. Das können alle Kinder, denn sie haben es in der letzten Woche gelernt. Es ist ein langes Lied mit vielen Strophen. Bei jeder Strophe gehen ein paar Kinder zum Tisch und legen die Gaben darauf, die sie heute von zu Hause mitge-

bracht haben: Äpfel und Birnen, Tomaten, Weintrauben, Ähren, einen dicken Kohlkopf und einen Kürbis, der so dick und groß ist, daß Beate und Gero ihn zusammen tragen müssen. Auch ein rundes Brot kommt auf den Tisch. Das hat Uschis Mutter extra für heute gebacken. Dazu Milch, Joghurt, eingemachtes Obst, Honig und Marmelade. Für all das, was die Kinder auf den Erntedanktisch legen und stellen, danken alle Gott. Er hat uns das alles gegeben, damit jeder von uns satt wird.
Aber etwas fehlt noch!
Gut, daß Kerstin daran gedacht hat! Sie legt eine Tüte voll frischer Kartoffeln auf den Tisch.
„Sie sind aus unserem Garten!", sagt sie und zeigt den anderen die Erde, die noch an den Kartoffeln klebt.
Lilo bringt noch Pflaumen und einen dicken Pfirsich.
Dann dankt Frau Emde Gott für die Gaben:
„Guter Gott, wir danken dir für alles, was du uns geschenkt hast. Wir haben im Frühjahr den Samen in die Erde gelegt. Du hast alles wachsen und reif werden lassen. Und jetzt liegen die reifen Früchte hier auf dem Tisch! Danke, guter Gott!"
Da ruft Tommy: „Ich habe auch noch etwas!" Und umständlich zieht er ein blaues Spielzeugauto aus seiner Hosentasche.
„Aber das gehört doch nicht auf diesen Tisch!", sagt Frau Emde. Auch die anderen Kinder sind nicht damit einverstanden, als Tommy sein blaues Auto oben auf den dicken gelben Kürbis stellt.
„Doch!", schreit Tommy. „Es gehört doch dazu! Als wir im Frühjahr im Garten arbeiteten, habe ich es verloren. Aber gestern als ich Mutti beim Äpfelpflücken half, lag es plötzlich im Gebüsch an der Hecke!"
„Laß es auf dem Kürbis stehen!", lacht Frau Emde. Und als sie sieht und hört, wie alle übrigen lachen, die Erzieher und die Kinder, da denkt sie, daß Gott in seiner großen Güte bestimmt nichts gegen Tommys blaues Spielzeugauto auf dem Erntedanktisch hat.

Rolf Krenzer

Der Text kann vorgelesen oder erzählt werden. Wir berichten, was wir alles geerntet haben. Wir gehen in ein Kaufhaus, um die vielen Früchte, Gemüsesorten usw. kennenzulernen, die Gott für uns hat wachsen lassen. Wir bauen selbst im Kindergarten einen Tisch zum Erntedank auf.

Geeignete Arbeitsblätter findet man in: „Erste Arbeitsblätter Religion I: das Kirchenjahr", Kaufmann, Lahr/Kösel, München.

Bei allen Spielen darf jeder mitspielen! (Kein Spiel für einzelne)

Erntedankspiel

Wir stehen im Kreis oder im Halbkreis, und alle spielen mit.

Wir wollen auf die Felder gehen
und uns're gute Saat aussäen.
Helft alle mit und packt mit an,
dann geht die Arbeit gut voran.

> Wir tragen pantomimisch schwere Säcke voll Saatgut, gehen im Kreis herum und streuen die Körner aus. Wir können auch einen großen Sack in eine Maschine schütten, die wir mit unseren Körpern bauen. Die Maschine sät dann die Körner aus.

Die Saat geht auf und wächst heran.
Das Korn wächst immer höher dann.
Von Tag zu Tag ein bißchen mehr.
Die Ähren werden dick und schwer.

> Zuerst liegen wir auf dem Boden, dann strecken wir uns langsam, wachsen und wachsen, bis wir hoch stehen. Mit unseren Händen deuten wir die Ähren an.

Der Bauer kommt und sieht sich an,
ob er das Korn bald ernten kann.

> Wir legen die Hand an die Stirn und schauen umher.

Wir wollen Gott froh „danke" sagen,
weil alle Ähren Körner tragen.

> Wir bilden mit unseren Händen über dem Kopf die dicken Ähren voller Körner.

Wir wollen auf die Felder gehen
und jetzt das reife Korn abmähen.
Helft alle mit und packt mit an,
dann geht die Arbeit gut voran.

> Wir können einen Mähdrescher darstellen. Wir zeigen mit beiden Händen, wie das Korn abgeschnitten wird. Dann zeigen wir mit den Fingern, wie die Körner in den Sack rieseln.

Jetzt laden wir die Säcke auf.
Der Müller wartet schon darauf.
Helft alle mit und packt mit an,
dann geht die Arbeit gut voran.

> Wir binden Säcke zu und laden sie  pantomimisch auf den Wagen.

Zur Mühle wir das Korn gebracht
und weißes Mehl daraus gemacht.
Die Mühle mahlt es weiß und fein.
Füllt Mehl jetzt in die Säcke ein.

   Wir können alle eine Mühle darstellen, zum Beispiel eine
   Windmühle. Wir können auch mit unseren Händen Mahlsteine bilden und zeigen, wie die Mahlsteine aufeinander
   kreisen und das Korn mahlen.
   Dann schütten wir das Korn in die Säcke und binden sie
   wieder zu.

Jetzt müßt ihr alle mit anpacken.
Der Bäcker braucht das Mehl zum Backen.
Helft alle mit und packt mit an,
dann geht die Arbeit gut voran.

   Wir laden die Säcke wieder auf den Wagen. Jetzt ist auch
   schon der Bäcker dran.

Er nimmt das Mehl und knetet dann
den Teig. Wenn alle mit anpacken,
dann können wir das Brot bald backen.

   Der Bäcker schöpft mit der Mehlschaufel Mehl auf seinen
   Backtisch, mischt einen Teig, knetet ihn und formt ein Brot.
   Wir zeigen das alles pantomimisch. Wir können auch eine
   Knetmaschine darstellen.

Jetzt wird das Brot schnell aufgehoben
und in den Backofen geschoben.
Und bald ziehn wir es wieder raus.
Wie sieht das Brot so lecker aus!

   Wir schieben das Brot in den Backofen und holen es nach
   einer Weile wieder heraus.

Wir wollen all zum Bäcker laufen
und frisches Brot zum Frühstück kaufen.
Das Brot, es macht uns alle satt.
Dankt Gott, daß jeder etwas hat.

   Der Spielleiter teilt frisches Brot an alle aus, das wir uns
   schmecken lassen.

                                                            Rolf Krenzer

Die Verse des Spiels können vom Spielleiter gesprochen
werden. Aber erfahrungsgemäß sprechen die Kinder sie
sehr schnell mit. Wir können auch gemeinsam ein Brot
backen, das dann später aufgegessen wird.

**Vorschlag: Gemeinsames
Brotbacken**

„Brot! Brot! Danke für das
Brot!" ist in MC und Liedheft:
„Ich schenk' dir einen Sonnen-
strahl", 1985, enthalten.
Rechte im Peter Janssens Musik
Verlag, 4404 Telgte.

Vor dem Essen können wir gemeinsam ein Danklied singen.

(Das Lied kann auch im Kanon gesungen werden)

Danklied

Text: Rolf Krenzer * Musik: Peter Janssens

Knisterbrot

Knister-, Knusper-, Knäckebrot
knackt und kracht im Mund.
Knister-, Knusper-, Knäckebrot
ist ja so gesund.

Etwas Butter, etwas Salz
oder auch Gelee.
Knister-, Knusper-, Knäckebrot
schmeckt zu Milch und Tee.

Herrlich kracht's am Frühstückstisch.
Klaus schafft sieben Stück.
Knister-, Knusper-, Knäckebrot
ist ein Stückchen Glück.

Knister-, Knusper-, Knäckebrot.
Keiner leidet Not.
Dank für Butter, Milch und Brot.
Danke, guter Gott!

Rolf Krenzer

**Gemeinsames Sprechen eines
Dankgebetes**

Wir können auch ein **Dankgebet** gemeinsam sprechen:

Guter Gott,
wir sind heute hier, um dir zu danken.
Du schenkst uns soviel!
Alle: Wir danken dir.
Wir danken dir für das Brot und die Kartoffeln.
Alle: Wir danken dir.
Wir danken dir für das Obst, das du uns schenkst.
Alle: Wir danken dir.
Wir danken dir für das, was du uns zu essen und zu trinken
gibst.
Alle: Wir danken dir.

Wir danken dir, daß wir jeden Tag satt werden.
Alle: Wir danken dir.
Wir danken dir für die Menschen, die arbeiten, damit wir zu essen haben.
Alle: Wir danken dir.
Wir danken dir für unsere Eltern, die für unser Essen sorgen.
Alle. Wir danken dir.
Guter Gott,
wir danken dir, daß es uns gut geht und daß wir immer satt werden. Wir bitten dich für alle Kinder, denen es nicht gut geht, die Hunger haben. Wir bitten dich für alle Erwachsenen, die nicht satt werden. Gib den Kindern und Erwachsenen Menschen, die ihnen helfen. Zeige uns, wie wir helfen können. Amen.

Weitere Danklieder:
in LP/MC: „Ich wünsche dir ein gutes Jahr", Abakus-Verlag, 6349 Greifenstein, und Lahn-Verlag, Limburg, sowie dem gleichnamigen Werkbuch:
– Teilst du mit mir dein Brot?
– Wir danken für die Ernte
in MC und Liedheft: „Wir feiern heut' ein Fest", impulse-musik-verlag, 4406 Drensteinfurt:
– Tanzen wir den Erntetanz

Spiel: Wir ernten im Garten

Das Spiel kann so aufgebaut werden, daß immer dann, wenn ein neuer Spieler hinzukommt, alles bis zu seinem Auftritt wiederholt wird.

Zwei Spieler halten sich an den Händen. Sie stellen ein Gartentor dar. Sie gehen langsam auseinander, so daß sich das Gartentor öffnet.
„Wir sind das Gartentor."
Ein Spieler stellt einen Apfelbaum dar.
„Ich bin der Apfelbaum und stehe im Garten."
Der nächste Spieler stellt den Wind dar und pustet den Apfelbaum an.
„Ich bin der Wind und sause durch die Zweige."
Ein weiterer Baum kommt hinzu.
„Ich bin der Birnbaum und stehe im Garten."
Jetzt kommt die Sonne hinzu. Sie hält ihre gespreizten Finger strahlenförmig um ihren Kopf.
„Ich bin die Sonne und scheine auf die Bäume."
Ein dritter Baum kommt hinzu.
„Ich bin der Pflaumenbaum und stehe im Garten."
Mit den Händen wird von dem nächsten Spieler gezeigt, wie es regnet.
„Ich bin der Regen und tropfe auf die Blätter."
Ein Kind kommt in den Garten und pflückt das Obst von den Bäumen.
„Ich bin die Carmen und Pflücke das Obst."
Die Mutter kommt mit einer großen Schüssel.
„Ich bin die Mutter. Komm, Carmen, wir machen einen Obstsalat!"

Carmen bringt der Mutter das Obst, das sie gepflückt hat.

Erzähler: „Alle haben geholfen, damit wir das Obst ernten konnten. Der Garten, der Apfelbaum, der Wind, der Birnbaum, die Sonne, der Pflaumenbaum und der Regen."

(Entweder benennt der Erzähler die einzelnen Mitspieler und zeigt auf sie, oder diese sagen selbst, was sie dargestellt haben.)

Alle Mitspieler stellen sich im Halbkreis auf. Mutter und Carmen kommen hinzu und bringen eine große Schüssel Obstsalat mit.

Carmen: „Wir wollen zusammen feiern."

Mutter: „Wir danken Gott für die gute Ernte."

Sie verteilen den Obstsalat an alle Mitspieler.

Das Spiel kann völlig auf Requisiten verzichten. Die Bäume können auch richtige Früchte tragen.

Rolf Krenzer

Zu dem folgenden Danklied können wir mit Gesten darstellen, wofür wir Gott danken wollen:

Dankeschön

Text: Rolf Krenzer * Musik: Peter Janssens

guter Gott,   danke-schön   sagen wir da – für.

2. Du schenkst uns deine Gaben, daß wir zu essen haben. Ja, alles kommt von dir. Drum danken wir dafür. Dankeschön sagen wir ...

3. Du läßt den Regen fallen und hell die Sonne strahlen. Ja, alles kommt von dir. Drum danken wir dafür. Dankeschön sagen wir ...

4. Den Tag hast du erschaffen, die Nacht zum guten Schlafen. Ja, alles kommt von dir. Drum danken wir dafür. Dankeschön sagen wir ...

5. Die Pflanzen auf den Feldern, die Bäume in den Wäldern. Ja, alles kommt von dir. Drum danken wir dafür. Dankeschön sagen wir ...

6. Du läßt die Vögel singen. Auch unser Lied soll klingen. Ja, alles kommt von dir. Wir danken dir dafür. Dankeschön sagen wir ...

Aus LP, MC und Liedheft: „Kommt alle und seid froh", 1982. Rechte im Peter Janssens Musik Verlag, 4404 Telgte.

2. Allerheiligen/Totensonntag

Die Begegnung mit dem Tod gehört zu unserem Leben. In der Passionszeit erfährt das Kind davon. Es erfährt auch aus dem Fernsehen, von Bildern und aus den Gesprächen, die zu Hause geführt werden, daß Menschen sterben. Es kann auch sein, daß es den Tod eines Menschen erleben muß, den es kennt, ja auch eines Menschen, den es lieb hat. Deshalb ist es wichtig, ihm so früh wie möglich zu vermitteln, daß der Tod nicht das Ende des Lebens bedeutet, sondern der Anfang eines neuen Lebens bei Gott, unserem Vater.

Das Einbringen von Texten zum Tod erfordert ganz besondere Behutsamkeit. Der folgende Erzählung macht

Eine Auswahl einfacher Texte zu dieser Thematik findet man in: R. Krenzer/V. Fritz: „100 einfache Texte zum Kirchenjahr". Kaufmann, Lahr/Kösel, München und R. Krenzer (Hrsg.): „Ich wünsche dir ein gutes Jahr", Lahn-Verlag Limburg.

deutlich, daß viele Fragen aufgeworfen werden, Fragen, die sich Erwachsene genauso stellen wie Kinder. Er macht aber auch deutlich, daß es einen Trost gibt.

Tommys Opa

Ein Kind wird mit dem Tod seines Großvaters konfrontiert. Leid, Trost und Hoffnung

Im letzten Jahr hat Tommy seinen Opa nur noch selten gesehen.
Tommys Opa lag in der Klinik.
Vorher war der Opa immer gesund gewesen und hatte immer dann, wenn Tommy ihn besuchte, mit ihm herumgetollt und ihm die schönsten Sachen gezeigt. Ihm fehlte nichts. Aber dann war er beim Arzt gewesen. Es wäre besser, sich von Zeit zu Zeit einmal untersuchen zu lassen. Das hatte die Oma gemeint.
Der Arzt hatte ihn sofort in die Klinik überwiesen.
„Mir fehlt doch nichts!", hatte der Opa damals gesagt.
Aber dann gab es eine Operation nach der anderen.
Da hatte der Opa so schlimme Schmerzen, daß er nicht mehr aus dem Bett aufstehen konnte. Als Tommy ihn mit seinen Eltern besuchte, erschrak er.
Der Opa war plötzlich alt geworden. Sehr alt.
„Wirst du bald wieder gesund?", hatte Tommy den Opa gefragt.
„Wenn Gott es will, werde ich wieder gesund!", hatte der Opa gesagt.
Aber dann war der Opa gestorben.
Warum nur? Tommy mußt oft daran denken, was der Opa gesagt hat.
Wollte Gott ihn nicht wieder gesund werden lassen?
Seine Oma weint viel. Sie hat den Opa sehr, sehr lieb gehabt.
Genau wie Tommy.
„Warum hat er ihn nicht wieder gesund gemacht?", fragt Tommy.
„Der Arzt hat alles versucht, was ihm möglich war!", sagt die Oma.
„Nein, nicht der Arzt!", meint Tommy. „Gott hat ihm nicht geholfen!" Da putzt sich die Oma die Nase und nimmt den kleinen Tommy auf ihren Schoß. „Weißt du, Tommy!", sagt sie. „Gott hat ihn sterben lassen, weil er ihn jetzt bei sich haben will. Das hat der Opa gewußt.
Als er starb, wußte er, daß Gott auf ihn wartete."
Und warum weinst du jetzt immer?", fragt Tommy. „Warum weint die Mutti? Und warum muß ich immer weinen, wenn ich an den Opa denke?" Da drückt die Oma den Tommy ganz fest an sich: „Wir weinen, weil wir alle den Opa so lieb gehabt haben und weil er uns jetzt so fehlt!"

Tommy überlegt, wie er sich und die Oma trösten könnte.
Schließlich sagt er: „Wenn ich an ihn denke, dann meine ich, er
ist wieder da!"
Die Oma nickt. „Gott hat ihn uns für eine lange Zeit geschenkt.
Ich war mit dem Opa viele Jahre zusammen. Es waren schöne
Jahre. Ich denke an all das, was wir zusammen erleben durften."
Sie seufzte. „Ja, Tommy, es ist schwer für uns alle, daß der Opa
nicht mehr da ist. Aber ich danke Gott für alle Tage, die wir zu-
sammen sein durften. Und ich bin Gott dankbar, daß er ihn von
seinen Schmerzen erlöst hat."
„Hatte er immer Schmerzen in der Klinik?", fragt Tommy.
„Jetzt nicht mehr!", sagt die Oma leise. „Jetzt nicht mehr,
Tommy. Wenn einer bei Gott sein darf, dann hat er keine
Schmerzen mehr!"

Rolf Krenzer

Besuch auf dem Friedhof

Der Besuch auf einem Friedhof, einen Blumenstrauß auf
ein Grab stellen, darüber sprechen, wie Menschen die
Gräber ihrer Angehörigen pflegen, können für das Kind
tiefe Erlebnisse bedeuten. Daß es schwer ist, einen Menschen zu verlieren, kann der Erzieher dem Kind glaubhaft
verdeutlichen, wenn er von einem eigenen Verlust berichtet. Ebenso glaubhaft ist es aber auch dann, wenn der vertraute Erwachsene ihm sagt, daß er sicher ist, daß
derjenige, den er so lieb gehabt hat, einmal mit Gott wieder leben wird.

Eine Kinder verständliche Aussage beinhaltet das folgende Lied
zu Offenbarung 21, 1–7.

Ich weiß eine Stadt   Text: Rolf Krenzer * Musik: Peter Janssens

ein-ziges Kind, weil die Menschen gut zuein-ander sind in der

Stadt, in der Stadt. Ich weiß eine schöne Stadt.

2. Ich weiß eine Stadt, ohne Lärm und Gestank.
Man braucht kein Benzin und kein Geld auf der Bank.
In der Stadt gibts keine Angst, keinen Streit.
Und der Große hat für den Kleinen Zeit
in der Stadt, in der Stadt.
Ich weiß eine schöne Stadt.

3. Ich weiß eine Stadt, in der lebt jeder frei.
Kein Schloß vor der Tür, keine Stadtpolizei.
In der Stadt dort vertraut jedermann jedermann.
Und der Starke nimmt sich des Schwachen an
in der Stadt, in der Stadt.
Ich weiß eine schöne Stadt.

4. Ich weiß eine Stadt, komm und schau sie dir an.
Kein Kraftwerk gibt's dort, keine Stadtautobahn.
In der Stadt dort lebt jeder froh wie ein Kind,
weil wir alle bei unserem Vater sind
in der Stadt, in der Stadt.
Ich weiß eine schöne Stadt.

5. Ich weiß eine Stadt, und die wird einmal sein.
Wir stehen davor und wir gehen hinein.
In die Stadt dort wollen wir alle gern geh'n,
und wir wollen uns dort gern wiedersehn
in der Stadt, in der Stadt.
Ich weiß eine schöne Stadt.

Aus LP und Singheft: „Josef zwischen Wohlstaat und Armewelt". Rechte im Peter Janssens Musik Verlag, 4404 Telgte. Ein weiteres Lied: „Wir malen Gottes Paradies" in MC und Liedheft: „ Und sie fingen an, fröhlich zu sein". MOD-Verlag, Am Hagen 5, 4400 Münster-Hiltrup.

3. Martinstag

Die liebenswerte Gestalt des heiligen Martin wird jährlich im Kindergarten vorgestellt. Laternen werden gebastelt und Umzüge mit den Eltern mit Laternenliedern veranstaltet. Zu den traditionellen Laternenliedern sind inzwischen viele neue hinzugekommen.

Weil das Leuchten der Laterne von Kindern sehr geliebt wird, sollten wir das Laternenanzünden nicht nur auf den Martinsumzug beschränken, sondern dann, wenn die ersten Laternen fertig sind, zum Abschluß des Tages einen Kreis bilden und die Laternen anzünden.

- Wir zünden eine Laterne an und singen Laternen- und Martinslieder.
- Wir zünden die Laterne an und hören zu, wenn eine Geschichte erzählt wird.
- Wir backen gemeinsam kleine Martinsbrezeln und Martinsplätzchen.
- Wir hören Martinsgedichte.
- Wir tanzen einen Laternentanz.
- Wir spielen ein Spiel zum Martinstag.

Das folgende kleine Martinsspiellied kann bereits mit den Jüngsten gestaltet werden. Die Spielanweisungen ergeben sich direkt aus dem Text des Liedes. Sankt Martin kann seinen Mantel teilen, indem er zwei Umhang-Stücke mit dem Holzschwert oder mit einem pantomimisch dargestellten Schwert auftrennt. Er kann auch zwei gleiche Umhänge übereinander anziehen und dann teilen.
Jeweils zwei Kinder halten die ausgestreckten Hände so aneinander, daß sie das Dach eines Hauses bilden. Ein weiteres Kind steht in diesem Haus und weist den Bettler ab, wenn er anklopft. Mit Karton und farbigem Transparentpapier läßt sich zu dem Lied auch ein Schattenspiel gestalten. Zur letzten Strophe werden dann bunte Laternen gezeigt.

Vorbereitung des Martinstags auf vielfältige Weise

Eine Sammlung alter und neuer Martins- und Laternenlieder sowie viele Texte zum Martinstag sind in der Sammlung R. Krenzer „Weihnachten im Kindergarten", Kaufmann, Lahr enthalten.

Spielanleitungen zu dem Martinsspiellied

Ein armer Mann – Martinslied

Text: Rolf Krenzer *Musik: Peter Janssens

1. Ein armer Mann, ein ar-mer Mann, der klopft an vie-le Tü-ren an. Er hört kein gu-tes Wort, und je-der schickt ihn fort. Er hört kein gu-tes Wort, und je-der schickt ihn fort.

2. Ihm ist so kalt. Er friert so sehr.
   Wo kriegt er etwas Warmes her?
   Er hört kein gutes Wort,
   und jeder schickt ihn fort.
   Er hört kein gutes Wort,
   und jeder schickt ihn fort.

3. Der Hunger tut dem Mann so weh,
   und müde stapft er durch den Schnee.
   Er hört kein gutes Wort,
   und jeder schickt ihn fort.
   Er hört kein gutes Wort,
   und jeder schickt ihn fort.

4. Da kommt daher ein Reitersmann,
   der hält sogleich sein Pferd hier an.
   Er sieht den Mann im Schnee
   und fragt: „Was tut dir weh?"
   Er sieht den Mann im Schnee
   und fragt: „Was tut dir weh?"

5. Er teilt den Mantel und das Brot
   und hilft dem Mann in seiner Not,
   so gut er helfen kann.
   Sankt Martin heißt der Mann.
   Er hilft, so gut er kann.
   Sankt Martin heißt der Mann.

6. Zum Martinstag steckt jedermann
   leuchtende Laternen an.
   Vergiß den andern nicht,
   drum brennt das kleine Licht.
   Vergiß den andern nicht,
   drum brennt das kleine Licht.

Martin und der Bettler

Eine kleine Pantomime mit vielen Orff-Instrumenten.
Es spielen mit: Martin, der Bettler, viele Bäume, spielende Kinder und der Wind, der von mehreren Spielern dargestellt wird.
Die Geräusche werden mit dem kleinen Schlagwerk des Orff-Instrumentariums produziert (Geräusche des Windes, Pferdegetrappel, Begleitung zum Spiel der Kinder, Schneeflocken, Schneeballschlacht usw.)

Spielverlauf:
Die Bäume verteilen sich im Raum. Windgeräusche setzen ein.
Da kommen Kinder. Sie freuen sich über den Schnee, der vom Himmel fällt. Sie laufen durch den Schnee. Kinder fahren Schlitten, andere Schi, ein paar Kinder rutschen. Zum Schluß bauen alle einen Schneemann. Dann müssen die Kinder nach Hause. Sie verabschieden sich voneinander und gehen.
Der Bettler geht durch den Wald. Er geht gebückt und friert. Er schlägt die Arme um sich, um sich ein wenig Wärme zu verschaffen. Schließlich läßt er sich langsam vor einem Baum nieder. Jetzt kommt Wind auf. Es ist zu hören, wie es stürmt. Der Wind schüttelt die Bäume. Es wird immer kälter. Der Bettler sitzt zusammengekauert vor dem Baum und friert.
Da reitet Martin durch den Schnee. Man hört das Pferdegetrappel. Ein Spieler stellt ein Pferd dar.
Der Bettler sieht Martin kommen, hebt die Hände, fleht um Hilfe. Harte, kalte Töne werden auf dem Metallophon angeschlagen.
Da hält Martin sein Pferd an und teilt den Mantel mit dem Schwert. Auf dem Holzglockenspiel erklingt eine pentatonische Melodie.
Martin reicht dem Bettler eine Hälfte seines Mantels. Dann grüßt er ihn und reitet davon.
Der Bettler legt sich den Mantel um. Ihm wird wärmer.
Er zeigt, wie sehr er sich über den wärmenden Mantel freut.
Dann greift er in die Tasche des Mantels und findet ein Brot.
Er dankt Gott und beißt in das Brot hinein.
Dann geht er langsam davon.

Aus LP, MC und Liedheft: „Kommt alle und seid froh". Rechte im Peter Janssens Musik Verlag, 4404 Telgte.
Ein Spiellied, das darstellt, warum Martin das Heer verläßt und nur noch Gott dienen will, findet man zusammen mit einem neuen Laternenlied auf der MC und im Liedheft: „Wir feiern heut' ein Fest". impulse-musik-verlag, Natorp 2, 4406 Drensteinfurt.

Pantomime mit Musik

Zu der Pantomime kann auch von dem Spielleiter die ganze **Geschichte** erzählt werden:

Die Legende von Martin und dem Bettler

Es ist ein bitterer Winter und ein kalter Tag.

Die Kinder freuen sich über den vielen Schnee. Sie formen dicke Schneebälle und machen eine Schneeballschlacht. Im Schnee kann man Schlitten fahren. Man kann auch Schi fahren oder Schlittschuh laufen oder einen Schneemann bauen.

Aber dann, wenn die Sonne untergeht und es noch kälter wird, dann laufen die Kinder nach Hause. Sie ziehen ihre dicken Mäntel und Stiefel aus und wärmen sich daheim.

Einer kann nicht nach Hause gehen und sich dort wärmen.

Er hat kein zu Hause.

Er friert, denn statt einem Mantel und dicken Winterstiefeln hat er nur ein paar Lumpen umhängen. Da pfeift der Wind hindurch. Und es wird immer kälter.

Jetzt, wenn die Sonne untergeht und die Nacht hereinbricht, wird es eisig kalt.

Es ist ein Bettler, der frierend durch die Kälte geht und sich dann unter einen Baum hockt. Vielleicht ist es ein bißchen wärmer, wenn man sich hinhockt. Unter dem Baum pfeift der Wind nicht gar so sehr. Der Baum bietet ein wenig Schutz.

Aber wie wird es in der kalten Nacht werden.

Ob ein Baum so viel Schutz bietet, daß der Bettler die Nacht überleben kann?

Pferdegetrappel. Jemand kommt durch den Wald geritten. Auch im Schnee hört der Bettler noch das Stampfen der Hufe.

Ein Reiter kommt durch den Wald. Ein Soldat. Er trägt einen Helm und einen weiten, warmen Mantel. Und ein Schwert hat er. Ja, es ist ein Soldat. Ein Soldat des Kaisers.

Ängstlich kauert der Bettler unter dem Baum. Ob der Soldat ihn in Ruhe läßt. Ob er ihn aufjagt? Am besten wäre es, er würde ihn gar nicht sehen.

Doch schon hält der Soldat sein Pferd an. Er hat gesehen, daß jemand unter dem Baum im Schnee hockt.

Da hebt der Bettler beide Hände zu ihm auf. Er hebt die leeren Hände bittend hoch: Ich bin bettelarm. Tu mir nichts! Hab Mitleid mit mir. Hilf mir, Soldat!

Der Soldat greift nach seinem Schwert.

Nein, er wird dem Bettler nichts Böses tun.

Er reißt seinen Mantel von der Schulter, nimmt das Schwert und schlägt zu. Er trennt mit dem Schwert seinen Mantel mittendurch.

Dann steigt er vom Pferd herunter und geht zu dem Bettler. Er hängt den einen Teil des warmen Mantels um die Schultern des armen Mannes.

Und der Bettler spürt, wie gut diese Wärme tut. Die Wärme, die
der Mantel verbreitet. Und die Freundlichkeit des fremden Soldaten, die plötzlich die schlimme Kälte erträglicher macht.
Ja, mit diesem Mantelteil wird er weitergehen können. Vielleicht
zu einem Gasthaus, wo er im Stall schlafen darf. Vielleicht zu einem Haus, wo man ihn doch noch aufnimmt.
Er weiß nicht, wie er danken soll.
Der Soldat sitzt bereits wieder auf seinem Pferd. Er gibt ihm die
Sporen und reitet davon.

Dieser Soldat erzählte später, daß Jesus ihm im Traum erschienen sei. Und Jesus sah aus wie der Bettler, mit dem er seinen
Mantel geteilt hatte.
Später wollte dieser Soldat kein Soldat mehr sein. Er legte den
Helm und das Schwert ab. Jahre danach wurde er sogar ein guter Bischof. Wir kennen ihn alle mit Namen. Und am 11. November feiern wir seinen Namenstag.

Rolf Krenzer

4. Advent und Weihnachten

Die Advents- und Weihnachtszeit bringt wegen ihrer vielen Höhepunkte im familiären Bereich, aber auch durch
die vielen Angebote in den geschmückten Schaufenstern,
Straßen und Kaufhäusern dem Kind starke emotionale
Erlebnisse. Gerade hier erscheint es mir wichtig, im Rahmen der religiösen Erziehung das Kind erleben zu lassen,
wie wir uns gemeinsam auf die Geburt unseres Herrn
Jesus Christus vorbereiten, so daß diese Erlebnisse sich
bewußt abheben von der Bedürfnisweckung der Werbung
und den kitschigen Gefühlsduseleien, die anderen Zwek-
ken dienen und nichts mehr mit Weihnachten zu tun haben, denen das Kind aber ausgeliefert ist.
Im Lied, im Spiellied und im Spiel kann das Wunder der
Menschwerdung Gottes in elementarer Weise dem Kind
begreiflich gemacht werden.

Einfache Texte, die zur Ergän-
zung herangezogen werden können, findet man in dem „Sternen-
adventskalender" sowie in
R. Krenzer: „Weihnachten im
Kindergarten", Verlag Kaufmann, Lahr. Geschichten, Lieder
und viele Farbfotos in: R. Krenzer: „Alle Kinder warten auf
Weinachten". Lahn-Verlag, Limburg.

Das Licht einer Kerze – Adventslied

Text: Rolf Krenzer * Musik: Peter Janssens

1. Das Licht einer Kerze ist im Advent erwacht.
Eine kleine Ker-ze leuchtet durch die Nacht.
Alle Menschen warten, hier und über-all,
warten voller Hoffnung auf das Kind im Stall. Kind im Stall.

2. Wir zünden zwei Kerzen
jetzt am Adventskranz an.
Und die beiden Kerzen
sagen's allen dann:
Laßt uns alle hoffen
hier und überall,
hoffen voll Vertrauen
auf das Kind im Stall.

3. Es leuchten drei Kerzen
so hell mit ihrem Licht.
Gott hält sein Versprechen:
Er vergißt uns nicht.
Laßt uns ihm vertrauen
hier und überall.
Zeichen seiner Liebe
ist das Kind im Stall.

4. Vier Kerzen hell strahlen
durch alle Dunkelheit.
Gott schenkt uns den Frieden.
Macht euch jetzt bereit:
Gott ist immer bei uns,
hier und überall.
Darum laßt uns loben
unsern Herrn im Stall!

Aus MC und Liedheft:
„Ich schenk' dir einen Sonnenstrahl", 1985, erschienen. Rechte
im Peter Janssens Musik Verlag,
4404 Telgte.

Anregungen:
Wir beginnen in der ersten Adventswoche mit dem ersten Vers. In den folgenden Wochen kommen die weiteren Verse dazu.

Ein Kind geht vorsichtig mit der Kerze zu dem Lied im Kreis herum. Es gibt am Ende des Verses einem anderen Kind im Kreis die Kerze und wünscht ihm einen schönen Advent. Dann geht dieses Kind mit der Kerze herum. Die Kerze kann auch unter einem Glasschutz in einem Ständer getragen werden. Auch ein Windlicht eignet sich.

Ein Kind steht mit der Kerze oder mit einem Adventskranz in der Mitte des Kreises. Wir gehen langsam zu dem Lied um es herum.

Wir bilden zwei Kreise, die um das Kind mit der Kerze herumgehen. Ein Kreis geht links-, der andere rechtsherum.

Wir gehen in einer langen Schlange oder in einer Zweierreihe hinter den Kindern her, die die Kerzen tragen.

Das Lied kann auch zur Weihnachtsfeier des Kindergartens zusammen mit den Eltern gesungen und gespielt und in einen ganz einfachen Kerzenreigentanz gestaltet werden.
Zum Schluß können dann noch viel mehr Kerzen hinzukommen.

Eine Legende vom heiligen Nikolaus

Der heilige Nikolaus war ein Bischof, der den Armen half, wo er nur konnte. Besonders kümmerte er sich um die Kinder. Deshalb feiern wir jedes Jahr am 6. Dezember den Nikolaustag. Und die Geschenke, die uns dann der Nikolaus bringt, erinnern uns an den heiligen Nikolaus, der vor vielen Jahren die Kinder beschenkte.
Damals lebte ein Mann mit seinen Kindern. Die Mutter war gestorben. Der Vater war arbeitslos geworden. Da gab es kaum etwas zu essen und auch keine warmen Kleider im Winter.
Als der Vater dann auch noch krank wurde, war die Not so groß, daß die Kinder am Abend hungrig ins Bett gingen.
Wie staunten sie aber, als am Morgen ein großer Sack vor ihrer Tür stand. Als sie ihn öffneten, fanden sie darin Mehl und Brot. Da brauchen sie nicht mehr zu hungern.
Am nächsten Morgen aber stand wieder ein Sack vor der Tür. Und als die Kinder ihn öffneten, fanden sie warme Kleider darin. Da brauchten sie nicht mehr zu frieren.
Der Vater mußte immer an den Bischof denken. Er hatte von ihm gehört, daß er den Armen half. Ob er es war, der sie so reichlich beschenkt hatte.

Weitere Adventslieder:
in LP/MC und Werkbuch: „Ich wünsche dir ein gutes Jahr", Abakus-Verlag, 6349 Greifenstein, und Lahn-Verlag, Limburg:
– Wir zünden eine Kerze an
in MC und Liedheft: „Wir feiern heut' ein Fest", impulse-musik-verlag, 4406 Drensteinfurt:
– Wenn unsere Kerze brennt
im Liederbuch: „100 einfache Lieder Religion", Kaufmann, Lahr/Kösel, München:
– Es brennt die erste Kerze

Legende: Die drei Säcke

Er sagte zu seinen Kindern: „Heute nacht wollen wir alle wach bleiben. Sollte wirklich der Bischof Nikolaus noch einmal zu uns kommen, dann wollen wir ihm von Herzen danken!"

Aber den Kindern fielen am Abend doch vor Müdigkeit die Augen zu. Der Vater blieb wach. Und wirklich! Spät in der Nacht hörte er ein Geräusch vor der Tür. Da sprang er auf und lief zur Tür und öffnete sie. Er sah auch, daß ein Mann mit schnellen Schritten davon ging. So gut er konnte, lief er hinter ihm her. Und dann erkannte er den Bischof Nikolaus.

„Danke!", rief er. „Danke für alles, was du für uns getan hast!"

Der Bischof wendete sich um. „Geh nach Hause!", sagte er freundlich. „Wenn du gesund bist, wirst du bald wieder Arbeit finden!"

Er lächelte dem Mann freundlich zu und ging dann weiter.

Wie staunte der Mann aber, als er beim Heimkommen noch einen Sack vor der Tür fand. Vor lauter Freude weckte er die Kinder.

Und was fanden sie diesmal im Sack?

Schuhe! Ja, Schuhe! Jetzt brauchten sie nicht mehr barfuß zu laufen. Als sie aber in die Schuhe schlüpfen wollten, da konnten sie es nicht. In den Schuhen steckten nämlich die allerschönsten Dinge: Spielzeug, Äpfel, Nüsse und Plätzchen. Das alles hatte ihnen der Bischof Nikolaus geschenkt. Wie freuten sich da die Kinder! Daran erinnern wir uns, wenn wir heute am Abend unsere Schuhe vor die Tür stellen und hoffen, daß der Nikolaus etwas hinein legt.

Neu erzählt von Rolf Krenzer

Rollenspiel Die Legende läßt sich in ein kleines Rollenspiel umsetzen:

1. Szene: Die Kinder haben Hunger. Sie haben auch keine warmen Kleider. Der Vater fühlt sich krank. Er legt sich ins Bett. Sie bitten gemeinsam Gott um Hilfe.

2. Szene: Alle schlafen. Der Nikolaus kommt mit einem Sack und stellt ihn ab.
Die Kinder erwachen, sehen den Sack, packen ihn aus. Teilen das Brot, das sie darin finden, an alle aus. Sie danken Gott für das Brot.

3. Szene: Die Kinder gehen zur Ruh. In der Nacht bringt der Nikolaus den zweiten Sack. Die Kinder erwachen, packen die Kleidung aus dem Sack aus und ziehen sie an. Auch Kleidung für den Vater ist dabei. Sie danken gemeinsam Gott für die Hilfe. Sie beschließen, in dieser Nacht wach zu bleiben. Der Vater meint, daß vielleicht der Bischof Nikolaus ihnen geholfen hat.

4. Szene: Die Kinder bemühen sich, wach zu bleiben, schlafen
aber dann doch einer nach dem anderen ein. Nur der
Vater bleibt wach. Der Nikolaus kommt mit dem dritten Sack. Der Vater springt auf, läuft hinter ihm her,
dankt ihm. Als er zurückkommt, entdeckt er den
Sack. Er weckt die Kinder. Sie finden die Schuhe im
Sack, wollen sie anprobieren und entdecken Spielzeug und andere Dinge.

Ein überliefertes Nikolausgedicht stellt in präziser und
einfacher Form die Besonderheit des heiligen Nikolaus in
den Mittelpunkt und hebt sich wohltuend von den vielen
Nikolausreimen ab, in denen er nicht nur als Märchenfi-
gur, sondern zum Teil auch angsterregend vorgestellt
wird. Das Gedicht läßt sich auch mit einer pentatonischen
Melodie singen, die gemeinsam mit den Kindern selbst erfunden werden kann.

Einen ausgearbeiteten Spielvorschlag zu dieser Legende findet
man in R. Krenzer (Hrsg.): „Ich
wünsche dir ein gutes Jahr".
Lahn-Verlag, Limburg. Als Rol-
lensatz im Dr. Heinrich Büchner
Verlag, Krailing vor München:
„Drei geheimnisvolle Säcke" (BS
749). Im gleichen Verlag ein weiteres Spiel: „Brot für alle Hungri-
gen" (BS 750).

Sankt Nikolaus

Vor langen, langen Jahren
in einem fernen Land
lebt' einst ein heiliger Bischof,
Sankt Nikolaus genannt.
Er war geliebt von groß und klein,
denn alle wollte er erfreun,
und noch vom Himmel steigt er nieder,
beschenkt die guten Kinder wieder.

Die Weihnachtsgeschichte im Spiel

Krippenspiel

Die Weihnachtsgeschichte wird dann zum Erlebnis, wenn
sie immer wieder gespielt werden darf. Weil aber jeder
einmal Maria und Josef, die Wirte und die Hirten und
auch die Könige spielen möchte, verhilft das Spiellied
dazu, die einzelnen Szenen jeden Tag wieder mit anderen
Spielern und mit neuer Freude die Geschichte zu erleben.
Die Aneinanderreihung verschiedener Spiellieder kann
nach und nach zu einem Krippenspiel mit verschiedenen
Szenen führen, das ebenso einer anderen Gruppe oder
den Eltern bei der Weihnachtsfeier vorgestellt werden
kann.

Herbergsuche

Text: Rolf Krenzer *Musik: Ludger Edelkötter

Wer klopft denn hier? Wer klopft denn hier? Zwei

Menschen stehen vor der Tür. Was wollt ihr zwei? Was wollt ihr zwei? Ist

noch ein Zimmer frei? Wir sind so weit ge-laufen und

möchten gern verschnaufen. Drum bitten wir, drum bitten wir: Kommt

öffnet eure Tür! Geht weiter, geht weiter! Es

tut uns ja so leid! Geht weiter, geht weiter! Kein

Platz und keine Zeit.

1. Gruppe:	Wer klopft denn hier?
	Wer klopft denn hier?
2. Gruppe:	Zwei Menschen stehen vor der Tür.
1. Gruppe:	Was wollt ihr zwei?
	Was wollt ihr zwei?
2. Gruppe:	ist noch ein Zimmer frei?
	Wir sind so weit gelaufen
	und möchten gern verschnaufen.
	Drum bitten wir,
	drum bitten wir:
	Kommt, öffnet eure Tür!
1. Gruppe	Geht weiter,
oder alle:	geht weiter!
	Es tut uns ja so leid!
	Geht weiter,
	geht weiter!
	Kein Platz und keine Zeit!

Maria und Josef gehen von einem zum nächsten Gasthaus. Das Lied wird an den verschiedenen Stationen wiederholt. Bei der letzten Station zeigt einer Maria und Josef den Stall und führt sie dorthin.

Dazu	Geht weiter,
singen	geht weiter!
alle:	so heißt es überall.
	Geht weiter,
	geht weiter!
	So bleibt nur noch der Stall.

Aus Musikcassette (IMP 1022): „Wir feiern heut' ein Fest". Alle Rechte beim impulse-musikverlag, Natorp 2, 4406 Drensteinfurt.

Die Engel verkünden den Hirten, daß Jesus geboren ist

Hirtenspiellied

Die Hirten liegen und schlafen. Es können auch noch Schafe und Hunde dabei sein. Ein Kind darf den „Beleuchter" am Lichtschalter spielen. Immer, wenn der Engel spricht, wird das Licht angeknipst. Das ist übrigens die begehrteste Rolle im Spiel. Der Engel weckt den ersten Hirten. Danach weckt einer den anderen. Am Ende gehen alle zum Stall.
Ich habe dieses Hirtenspiellied oft schon ganz ungeprobt bei einer Weihnachtsfeier eingesetzt, wobei es sich zeigte, daß die Spieler sogleich zu den einzelnen im Text des Liedes vorgestellten Szenen agierten und viel Freude dabei hatten. Besonderen Spaß macht es, wenn Eltern und Kinder dann gemeinsam die Hirten spielen.

Sieben Hirten schlafen

Text: Rolf Krenzer * Musik: Peter Janssens

1. Sie-ben Hir-ten schlafen hier bei ih-ren Scha-fen. Da, ein hel-les Licht! Und der En-gel spricht:

Chor und alle (die Hauptstimme liegt oben):

Heu-te ist Je-sus ge-bo-ren, lauft zum Stall!

Heu-te ist Je-sus ge-bo-ren, lauft zum Stall!

Heu-te ist Je-sus ge-bo-ren, lauft zum Stall!

Heu-te ist Je-sus ge-bo-ren, lauft zum Stall!

2. Noch sechs Hirten schlafen
   hier bei ihren Schafen.
   Da, ein helles Licht!
   Und der Engel spricht: (Chor und alle)
   Heute ist Jesus geboren ...

3. Noch fünf Hirten schlafen
   hier bei ihren Schafen.
   Da, ein helles Licht!
   Und der Engel spricht: (Chor und alle)
   Heute ist Jesus geboren ...

4. Noch vier Hirten schlafen
   hier bei ihren Schafen.
   Da, ein helles Licht!
   Und der Engel spricht: (Chor und alle)
   Heute ist Jesus geboren ...

5. Noch drei Hirten schlafen
   hier bei ihren Schafen.
   Da, ein helles Licht!
   Und der Engel spricht: (Chor und alle)
   Heute ist Jesus geboren ...

6. Noch zwei Hirten schlafen
   hier bei ihren Schafen.
   Da, ein helles Licht!
   Und der Engel spricht: (Chor und alle)
   Heute ist Jesus geboren ...

7. Seht ihr den noch schlafen
   hier bei seinen Schafen.
   Da, ein helles Licht!
   Und der Engel spricht: (Chor und alle)
   Heute ist Jesus geboren ...

8. Sieben Hirten schlafen
   nicht mehr bei den Schafen.
   Kommt ihr Hirten all,
   kommt und lauft zum Stall! (Chor und alle)
   Heute ist Jesus geboren ...

Aus LP, MC und Singheft:
„Kommt alle und seid froh",
1982. Rechte im Peter Janssens
Musik Verlag, 4404 Telgte. Hier
findet man auch noch ein einfaches Lied zur Herbergssuche
sowie ein Sternsingerlied.

Komm und gib mir deine Hand –
Kinderweihnachtslied
                                         Text: Rolf Krenzer * Musik: Detlev Jöcker

Hast du's schon gehört? Hat man dir's erzählt?
Bleib nicht länger stehn. Willst du mit mir gehn,

in dem kleinen Stall ist ge - born der Herr der Welt.   König an-zu-sehn?
in dem kleinen Stall unsern

Komm und gib mir dei-ne Hand, komm und ge-he mit.
Schen-ke was, wenn du was hast und sing dem Herrn ein Lied.

Aus MC und Liedheft: „Die gute
Nachricht weitersingen". Men-
schenkinder/MOD-Verlag, Am
Hagen 5, 4400 Münster-Hiltrup.

2. Freust du dich so sehr,
   ruf die andern her!
   Geh'n wir all' zusammen,
   dann werden's immer mehr.
   Jeder soll es seh'n,
   daß wir zu ihm geh'n,
   denn das Kind im Stall,
   das ist Christus, unser Herr.
   Komm und gib mir deine Hand …

Einer geht im Kreis herum und fragt einen anderen, was er dem
Kind schenken will. Dann darf jeder etwas nennen. Nach und
nach werden es immer mehr, die sich dem Zug anschließen und
zum Stall gehen.
Zum Schluß kommen noch die drei Könige mit Ihrem Stern.
Hierzu kann das folgende Sternsingerlied eingesetzt werden.

Sternsingerlied   Text: Rolf Krenzer * Musik: Lele Jöcker

1. Weit-her sind wir ge-kom - men. Wir su-chen unsern
Herrn. Dich Christus wolln wir fin - den. So fol-gen wir dem

Stern. Und so ge-hen wir ihm al-le hin-ter-her. Und so ge-hen wir ihm alle hinter – her. Und so ge-hen wir und so ge-hen wir. Und so ge-hen wir ihm alle hinter – her.

2. Wir fragen alle Leute.
   Wir fragen nach dem Herrn.
   Dich Christus woll'n wir loben.
   So folgen wir dem Stern.
   Und so gehen wir ...

3. So lang ist unsre Reihe.
   Wir werden immer mehr.
   Dich Christus woll'n wir ehren.
   Denn du bist unser Herr.
   Und so gehen wir ...

Aus MC und Liedheft: „Die gute Nachricht weitersingen". Menschenkinder/MOD Verlag, Am Hagen 5, 4400 Münster-Hiltrup.

Auch die folgende Legende läßt sich parallel zu dem Lied in ein kleines Rollenspiel umsetzen. Dabei ergeben sich die Spielanleitungen aus dem Text.

Die Legende vom armen Hirtenjungen

Text: Rolf Krenzer * Musik: Wolfgang Jehn

1. Als einst die Engel ge-sungen, was im Stall zu finden wär', da war einem Hir-ten-jungen da-bei das Herz so schwer. Glo-ri – a, Hal-le-lu-ja! Glo-ri – a, Hal-le-lu – ja! ja!

2. Es mußten die Hirten denken
an das arme Kind im Stroh
und wollten ihm etwas schenken
und waren von Herzen froh.

3. Was braucht ein Kind zum Leben?
Vielleicht Decken, weich und warm?
Der Hirtenbub konnt' nichts geben,
denn er war bettelarm.

4. Sie liefen zum Stall gemeinsam.
Er zog hinter ihnen her
und war so traurig und einsam
und hatt' die Hände leer.

5. Sie brachten dem Kind ihre Gaben
und waren froh in der Nacht.
Nur einer der Hirtenknaben
hatte gar nichts mitgebracht.

6. Da tat er zum Kind sich wenden
und streichelte sein Gesicht
ganz zart und mit guten Händen;
mehr hatte er ja nicht.

7. So hat ein Armer voll Wehmut
den ärmsten Bruder begrüßt
und hat in tiefer Demut
den Herrn der Welt geküßt.

8. Da legte Maria dem Jungen
   das Kind mit Vertrau'n in den Arm.
   Die Engel haben gesungen,
   im Stall wurd's hell und warm.

   Gloria, Halleluja!
   Gloria, Halleluja!

Originalbeitrag. Komponist
Wolfgang Jehn. Am Hasen-
moor 23, 2863 Worpswede.
Rechte bei den Autoren.

Wie viele Tiere werden zu Weihnachten verschenkt und
später wieder hergegeben. Das Tierweihnachtslied verdeutlicht, daß Maria die Verantwortung, die Gott dem
Menschen über die Schöpfung gegeben hat, ernst nimmt
und verwirklicht.

Wie war das mit dem Esel?

Wir bauen einen Stall auf, und dann kommen die Tiere alle hinzu.
Einer spielt den Ochsen, ein anderer den Esel. Dazu kommen
noch viele Schafe. Natürlich darf auch die kleine Maus am Ende
nicht vergessen werden.

Tier-Weihnachtslied   Text: Rolf Krenzer * Musik: Peter Janssens

1. Wie war das mit dem Esel, als es im Stall geschah? Nach langem Weg in

dunkler Nacht ward hier das Kind zur Welt gebracht. Ma-ri-a wiegt es auf dem Arm. Im

Stall, da war es hell und warm. Wie war das mit dem Esel, als es im Stall ge-

schah? Wie war das mit dem Esel? Er sa-gte leis: «I - A!»

2. Wie war das mit dem Ochsen?
   Er stand und schaute zu.
   Maria legt das Kind so klein
   ins warme Stroh der Krippe rein.
   Sie schaut es an und lächelt froh,
   denn Gottes Sohn schläft hier im Stroh.
   Wie war das mit dem Ochsen?
   Er stand und schaute zu.
   Wie war das mit dem Ochsen?
   Er sagte leis: „Muh! Muh!"

3. Wie war das mit den Schafen?
   Sie waren in der Näh'.
   Die Hirten ließen alles steh'n
   und wollten Jesus Christus seh'n.
   Sie kamen in den Stall hinein
   und wollten bei dem König sein.
   Wie war das mit den Schafen?
   Sie waren in der Näh.
   Wie war das mit den Schafen?
   Sie sagten leis: „Mäh! Mäh!"

Aus MC und Liedheft „Ich
schenk' dir einen Sonnenstrahl".
Rechte im Peter Janssens Musik
Verlag, 4404 Telgte.
Weitere Weihnachtsspiellieder:
in MC/Liedheft: „Heut' ist ein
Tag, an dem ich singen kann",
Menschenkinder Musikverlag,
4400 Münster-Hiltrup
– Hört ihr alle Glocken läuten?
– Ein Kind ist heut' geboren

4. Was sagte da Maria,
   als sie die Tiere sah?
   Sie sagte: „Gottes Sohn ist hier
   für Gottes Schöpfung, Mensch und Tier."
   Da mußt' kein Tier zum Stall hinaus
   und nicht einmal die kleinste Maus.
   Was sagte da Maria,
   als sie die Tiere sah?
   Was sagte da Maria?
   „Sie sagte froh: „Bleibt da!"

Noch ein Spielvorschlag, der spontan verwirklicht werden
kann und sich auch für die Weihnachtsfeier eignet.

Weihnachtsspiel

Kein Zimmer frei in Bethlehem

Spielleiter: Dort steht der Kaiser Augustus. Er will wissen, wie
viele Menschen in seinem Land wohnen. Alle müssen sich zählen lassen.
Kaiser (im prunkvollen Mantel mit Krone): „Jeder muß in die
Stadt gehen, in der er geboren ist!"
Nun wird jeder Mitspieler von dem Spielleiter gefragt, wo er geboren ist. Die Spieler dürfen sich auch für das Spiel eine Stadt
ausdenken, die sie kennen.
Auch Maria und Josef werden gefragt. „In Bethlehem!", sagt Josef.

Jeder Spieler macht sich auf den Weg. Alle tauschen ihre
Plätze. Einige haben einen kürzeren, andere einen längeren
Weg.
Zum Schluß bleiben Maria und Josef noch übrig, die immer
noch nicht in Bethlehem angelangt sind.
(Dieses Herumgehen kann mit einer Melodie auf einem Klangin-
strument begleitet werden.)

Spielleiter: Alle zogen dorthin, wo sie geboren wurden.
Er wendet sich an Maria und Josef: „Ihr seid immer noch unter-
wegs?"
Maria: „Wir haben noch einen weiten Weg vor uns."
Josef: „Wir müssen noch nach Bethlehem."
Spielleiter: „Wer seid ihr?"
Maria: „Ich bin Maria."
Josef: „Ich bin Josef."
Spielleiter: Und so ziehen Maria und Josef nach Bethlehem.
Maria und Josef gehen weiter.

Spielleiter: Jetzt sind sie endlich in Bethlehem angelangt. Bald
wird es dunkel werden. Aber hier ist ein Gasthaus.
Josef klopft an.
Wirt: „Herein!"
Josef: „Habt ihr noch Platz für uns?"
Wirt: „Nein, wir haben keinen Platz mehr! Tut mir leid!"

Spielleiter: So gehen sie zum nächsten Gasthaus.
Josef klopft wieder.
Wirt: „Herein!"
Josef: „Habt ihr noch ein Zimmer für uns?"
Wirt: „Nein! Es ist leider alles besetzt.

Spielleiter: Und so gehen sie von einem Gasthaus zum anderen.
Aber überall schickt man sie fort.
Josef klopft noch einmal an.
Wirt: „Ihr wart doch vorhin schon bei mir."
Josef: „Meine Frau bekommt ein Kind. Wir wissen nicht mehr
ein noch aus."
Wirt: „Dort drüben steht ein Stall. Es ist viel Stroh darin. Im Stall
ist es warm. Wenn ihr da schlafen wollt, könnt ihr dort bleiben."
Josef: „Ja, wir sind auch mit dem Stall zufrieden. Vielen Dank."
Er nimmt Maria an der Hand und führt sie langsam zu dem Stall.

Spielleiter: In dieser Nacht wurde in dem Stall Gottes Sohn geboren. Ja, Jesus kam im Stall auf die Welt. Und Maria legte ihr
Kind in die Futterkrippe. Über dem Stall strahlte ein heller Stern.
Und bald wußten es viele Leute, daß Jesus im Stall von Bethlehem geboren war. Da kamen die armen Hirten vom Feld und lie-
fen zum Stall. Und es kamen reiche Männer von weither, um den
Herrn des Himmels und der Erde anzubeten. Sie brachten auch
kostbare Geschenke mit.

Zu dem Text des Spielleiters kommen die Hirten und Weisen
herzu und gehen zur Krippe. Anschließend singen wir gemeinsam ein Weihnachtslied.

Rolf Krenzer

5. Passion und Ostern

**Eine Einheit: Passion –
Ostern – Auferstehung – Himmelfahrt**

Die Leidensgeschichte und Ostern müssen als Einheit gesehen werden, denn auch in den Geschichten von Ostern
schwingt die Passionserfahrung Jesu mit. Ebenso läßt die
Leidensgeschichte bereits etwas von der Osterhoffnung
aufkeimen.

Für unsere Kinder ist es wichtig, zu erfahren, daß Jesus
leiden mußte, daß er Freunde hatte, daß viele Menschen
in ihm bereits den König sahen und bitter enttäuscht von
dem waren, was dann in Jerusalem mit ihm geschah. Auch
das Alleinsein Jesu können Kinder mitempfinden, ebenso
wie das grenzenlose Vertrauen des ausgelieferten Men-
schensohnes an Gott, seinen Vater. Aber all das ist ohne
Ostern und Himmelfahrt nicht denkbar. Das Licht der
Osterkerze ist das Symbol für das Licht des Auferstandenen.

Im folgenden werden Möglichkeiten aufgezeigt, die dem
Kind Erlebnisse und Erfahrungen vermitteln und es etwas
mehr begreifen lassen, warum wir heute Jahr für Jahr uns
auf die Passionszeit besinnen und Ostern feiern.

Zahlreiche einfache Texte zu
Passion und Ostern findet man
in R. Krenzer: „Die Osterzeit im
Kindergarten". Kaufmann, Lahr.
Hier wird auch eine Sammlung
neuer mitvollziehbarer Lieder
dazu angeboten. Weitere Texte,
Lieder und Anregungen in
R. Krenzer (Hrsg.): „Ich wün-
sche dir ein gutes Jahr", Lahn-
Verlag, Limburg, und R. Kren-
zer/V. Fritz (Hrsg.): „100 einfa-
che Texte zum Kirchenjahr",
Kaufmann, Lahr/Kösel, Mün-
chen. Außerdem wird auf die Bil-
der von Helmut Wondra in:
„Christusgeschichten". Reha-Ver-
lag, Bonn-Bad Godesberg, und:
„Bilder und Geschichten von
Jesus". Hirschgraben-Verlag,
Frankfurt a. M., verwiesen.

Gebet

Jesus, wir haben von deinem Leiden gesprochen.
Du warst allein.
Ganz allein.
Deine Freunde kamen nicht.
Dich tröstete keiner.
Trotzdem bist du den schweren Weg weiter gegangen.
Der Weg, der dich leiden ließ
und der dich schließlich zum Kreuz führte,
bis zum Tod.
Du bist den Weg der Liebe gegangen.
Du bist für uns gestorben
und für uns auferstanden.
Wie können wir dir danken? Amen.

Rolf Krenzer

Als Jesus gestorben war   Text: Rolf Krenzer * Musik: Peter Janssens

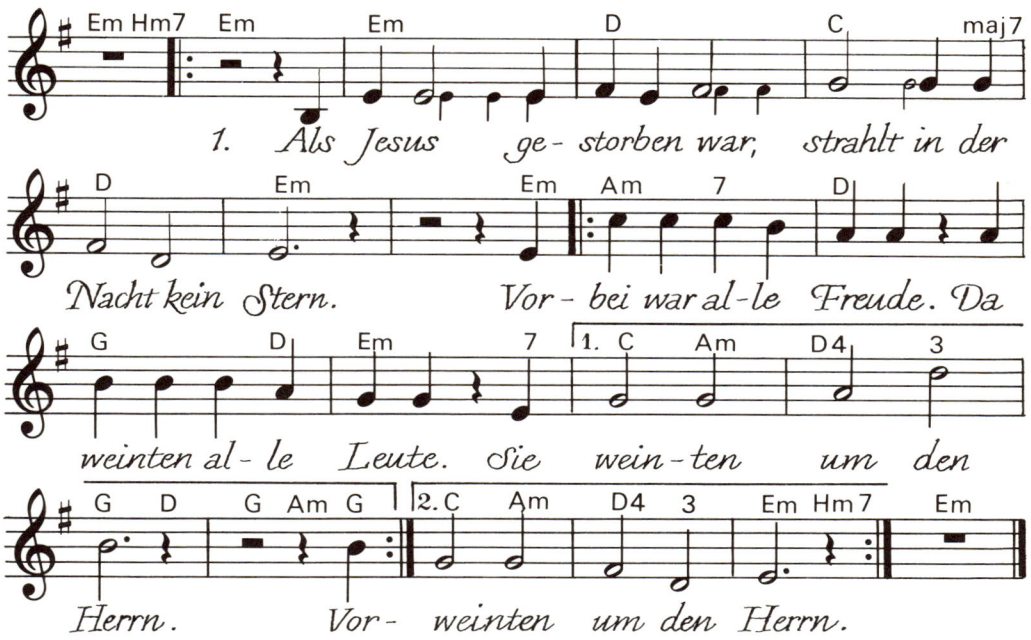

2. Als Jesus gestorben war,
   da war die Welt so leer.
   Die Großen und die Kleinen,
   die konnten nur noch weinen.
   Sie hatten ihn nicht mehr.
   Sie hatten ihn nicht mehr.

3. Als Jesus auferstanden war,
   besiegte er den Tod.
   Ihr Großen und ihr Kleinen,
   ihr braucht nicht mehr zu weinen.
   Vorbei ist alle Not.
   Vorbei ist alle Not.

Aus: „Kommt alle und seid froh", 1982. Rechte im Peter Janssens Musik Verlag, 4404 Telgte.

Das Lied erzählt in ganz einfachen Worten das, was vor Ostern und dann Ostern geschah. Es macht deutlich, daß die große Traurigkeit von der größeren Osterfreude überstrahlt wird. Aber auch während der Leidenszeit gibt es Höhepunkte, die vom Kind erlebnishaft nachvollzogen werden können, zum Beispiel der Einzug Jesu in Jerusalem oder die Tischgemeinschaft mit den Jüngern.

Der kleine David hat ihn gesehen

Der Einzug Jesu in Jerusalem aus der Sicht eines Kindes

Damals, als Jesus auf einem Esel nach Jerusalem gekommen war, da jubelten und schrien die Leute, daß es der kleine David einfach nicht mehr zu Hause aushielt. Er lief hinter den anderen her, riß sich einen Zweig von einem Baum und winkte wie so viele dem Mann, der auf einem Esel durch die Straße ritt. „Es ist der neue König!", schrien die Leute.
„Sei gegrüßt, Jesus! Dich hat Gott zu uns geschickt!"
David wunderte sich, denn der Mann auf dem Esel sah nicht so aus, wie er sich einen König vorstellte. Er trug keine Krone und auch keinen kostbaren Umhang. Nicht einmal ein Schwert hatte er.
Aber dann sah er ihm ins Gesicht. Er blickte ihm in die Augen. Und da spürte er, wie freundlich dieser Mann auf dem Esel war. Er lächelte und grüßte die Leute, die ihm zuwinkten. David war sich sicher, dieser Jesus würde bestimmt ein guter König werden. Er winkte ihm mit seinem Zweig so lange zu, bis er ihn nicht mehr sehen konnte.
Später dann hörte David davon, daß sie diesen Jesus gefangengenommen und an das Kreuz gehängt hatten. Am Kreuz war er gestorben.

Da mußte David immer wieder an den freundlichen Mann mit den guten Augen denken, dem er damals zugewinkt hatte. War das doch kein König gewesen? Aber David hatte ihn gut leiden können. Und daß er jetzt getötet worden war, das konnte der kleine David nicht verstehen. Auch seine Mutter war bedrückt. „Sie haben Gottes Sohn an Kreuz genagelt!", sagte sie zu David. „So sagen es viele Leute! Aber man darf es nicht laut sagen! Es gibt hier viele Menschen, die sich über Jesus geärgert haben. Sie verfolgen auch die, die jetzt noch seine Freunde sind."
Aber eines Morgens nahm die Mutter ihren kleinen David auf den Schoß, drückte ihn und weinte. Als David sie trösten wollte, lächelte sie. „Nein, du brauchst mich nicht zu trösten!", sagte sie leise. „Jetzt muß ich vor Freude weinen!"
Und dann erzählte sie dem kleinen David, was geschehen war.
Jesus war nicht mehr tot. Gottes Sohn war stärker als der Tod gewesen. Er hatte den Tod besiegt. Er war auferstanden von den Toten. Viele Menschen hatten ihn schon gesehen.
Und gestern abend war Davids Mutter mit vielen Freunden zusammen gewesen. Sie hatten von Jesus erzählt. Manche wollten es nicht glauben, was geschehen war.
„Und dann?", fragte David atemlos.
„Da stand Jesus plötzlich mitten unter uns!", sagte die Mutter

und drückte ihren Jungen wieder ganz fest an sich. „Daß du da
nicht dabei sein konntest!", sagte sie. „David, wirklich, ich habe
den auferstandenen Herrn gesehen. Und er ist Gottes Sohn!"
„Ich habe ihn auch gesehen!", flüsterte David glücklich. „Damals, als er auf dem Esel durch die Straße ritt, da habe ich ihn
gesehen. Und ich habe ihm mit einem Zweig zugewinkt!"
„Und er ist doch der König!", sagt die Mutter. „Ein ganz anderer
König, als die Leute damals dachten, als sie ihm zuwinkten!"
David nickt. „Ja, ein ganz anderer König! Aber alles andere hat
gestimmt. Gott hat ihn wirklich zu uns geschickt!"

Rolf Krenzer

Im Text wird die Passionsgeschichte stark verkürzt aus
der Sicht eines Kindes im Kindergartenalter erzählt. So ist
ein Identifizieren mit dem kleinen David möglich. Stellen
die Kinder nach der Erzählung weitere Fragen, kann die
Passions- und Ostergeschichte nach der Bibel erzählt werden.

Für Kinder ist es besonders interessant, daß am Anfang
und am Ende des Lebensweges Jesu etwas von einem Esel
berichtet wird.
Um den Weihnachtsesel herum gibt es viele Geschichten,
Bilderbücher und Lieder.
Der Esel spielt aber auch eine wichtige Rolle auf der
Flucht nach Ägypten, was vielen Kindern auch durch die
Legende Waggerls vom störrischen Esel, der am Ende
Disteln fraß, bekannt ist. [1]
Zum Palmsonntag ist der folgende Reim zum Volksgut
geworden:

Das Eselein, das Eselein,
mit Ohren lang und Hufen klein,
das trug den Herrn zur Stadt hinein –
am Palmentag.

Das folgende Lied stellt den Esel in den Mittelpunkt, der
in seinem armen Tierleben die Gnade erfuhr, den Herrn
beim Einzug in Jerusalem tragen zu dürfen.

Hilfreich sind dazu Kinderbi-
beln, z. B. Alphons Timmer-
manns: „In jener Zeit" – Die
Bibel für Kinder, Verlag Herder,
Freiburg; Karel Eykman/Bert
Bouman: „Die Bibel erzählt",
Verlag Herder/ Gütersloher Ver-
lagshaus Gerd Mohn; Rolf Kren-
zer: „Christusgeschichten", Reha-
Verlag, Bonn-Bad Godesberg;
Helmut Wondra/Rolf Krenzer:
„Bilder und Geschichten von
Jesus", Hirschgraben-Verlag,
Frankfurt a. M.; Reihe: „Was uns
die Bibel erzählt", Württemberg.
Bibelanstalt, Stuttgart.

[1] Karl Heinrich Waggerl: „Der
störrische Esel und die süße Di-
stel", in: „Und es begab sich ...",
Otto Müller Verlag, Salzburg.

Der Esel, der den Herrn trug

Text: Rolf Krenzer * Musik: Peter Janssens

Refrain

I – ah! I – ah! Ich bin der E-sel, daß ihrs wißt, I-

ah! I – ah, der einst da - bei -ge-wesen ist. 1.Als Je - sus

in die Stadt zog ein, ich trug den Herrn da ganz al-

lein. Die Leut-te ju-bel-ten ihm zu und

rie-fen:«Unser Herr bist du! Und un -ser König wirst du

sein!» So lie-fen sie ihm hinter – drein.

Refr. I-ah! I-ah!
Ich bin der Esel,
daß ihrs wißt, I-ah! I-ah,
der einst dabeigewesen ist.

2. Er war es nicht gewohnt, das Reiten.
Ich ließ ihn nicht heruntergleiten.
Ich trug behutsam unsern Herrn.
Ich trug ihn sicher, trug ihn gern,
ließ mich nicht stör'n von Kleidern, Zweigen,
tat vorsichtig darübersteigen.

Refr. I-ah! I-ah!
    Ich bin der Esel,
    daß ihrs wißt, I-ah! I-ah,
    der einst dabeigewesen ist.

3. Der Herr saß auf dem Eselsrücken.
    Da tat ich gern den Rücken bücken,
    hat es doch sonst in meinem Leben
    nie wieder so ein Fest gegeben.
    Als Jesus in die Stadt zog ein,
    trug ich den Herrn da ganz allein.

    Refr. Ich bin der Esel,
        daß ihrs wißt, I-ah! I-ah,
        der einst dabeigewesen ist.

Nicht alle Kinder werden die Feier der Osternacht miterleben können oder dürfen. Um aber allen etwas von der Osterfreude zu vermitteln, können wir sie am letzten Tag vor Ostern im Kindergarten mit einem kleinen Spiel und vielen Kerzen daran teilnehmen lassen.

Aus MC und Liedheft: „Ich schenk' Dir einen Sonnenstrahl", 1985. Rechte im Peter Janssens Musik Verlag, 4404 Telgte.

Die kleinen Sprechtexte können in den Wochen vorher mit Hilfe der Geschichten von Jesu Leidenszeit erarbeitet werden.

Osterspiel mit Kerzen

Auf dem Tisch steht eine einzige brennende Kerze.

Erster Sprecher: Gott schickte Jesus nach Jerusalem.
Zweiter Sprecher: Er ritt auf einem Esel in die Stadt und viele
                      Menschen riefen ihm zu:
Alle: Du bist unser König! Du bist unser König!
                      Gott hat dich geschickt!
Dritter Sprecher: Jesus aß und trank mit seinen Freunden.
                      Er sagte aber auch:
Vierter Sprecher: Ich werde bald sterben müssen.
                      Einer von euch wird mich verraten.
Alle: Ich nicht! Ich nicht! Nein, ich nicht!
Fünfter Sprecher: In der Nacht betete Jesus zu Gott!
Vierter Sprecher: Vater! Was du willst, soll geschehen.
Sechster Sprecher: In der Nacht nahmen die Soldaten Jesus
                      gefangen.
                      Seine Freunde liefen davon. Sie hatten
                      Angst.
Alle: Ich kenne diesen Jesus nicht.
                      Nein, wir kennen diesen Jesus nicht.
Siebter Sprecher: Sie quälten Jesus.
                      Sie schlugen ihn.
Achter Sprecher: Sie stellten ihn neben einen Verbrecher.
                      Dann fragten sie:

Neunter Sprecher:	Sollen wir diesen Jesus freilassen? Da riefen die Leute:
Alle:	Ans Kreuz mit ihm! Ans Kreuz mit ihm!
Zehnter Sprecher:	Sie hängten Jesus an das Kreuz.
Elfter Sprecher:	Sie hängten Gottes Sohn an das Kreuz.
Vierter Sprecher:	Vater, vergib ihnen! Sie wissen nicht, was sie tun.
Zwölfter Sprecher:	So starb Jesus am Kreuz.

Einer geht ganz langsam zum Tisch und bläst die Kerze aus. Alle sitzen ganz still. Dann beginnen sie leise das Lied: „Als Jesus gestorben war", zu singen, die erste und zweite Strophe. Ein Kind geht zum Tisch und zündet die Kerze wieder an, so daß sie hell strahlt.

Es sagt:	Freut euch mit mir! Jesus lebt! Er hat den Tod besiegt!

Jetzt geht jeder zum Tisch und erhält dort eine Kerze, die er an der bereits brennenden Kerze entzündet. Es werden immer mehr Kerzen. Dazu singen wir die dritte Strophe des begonnenen Liedes so lange, bis alle Kerzen angezündet sind.
Zum Schluß sagt der Spielleiter: Jetzt können wir fröhlich Ostern feiern.
Die Kinder gehen aufeinander zu, geben sich die Hände und wünschen sich frohe Ostern.

In gleicher Weise kann auch das folgende Osterlied eingesetzt werden.

Weißt du, was vor Ostern geschah?   Text: Rolf Krenzer * Musik: Peter Janssens

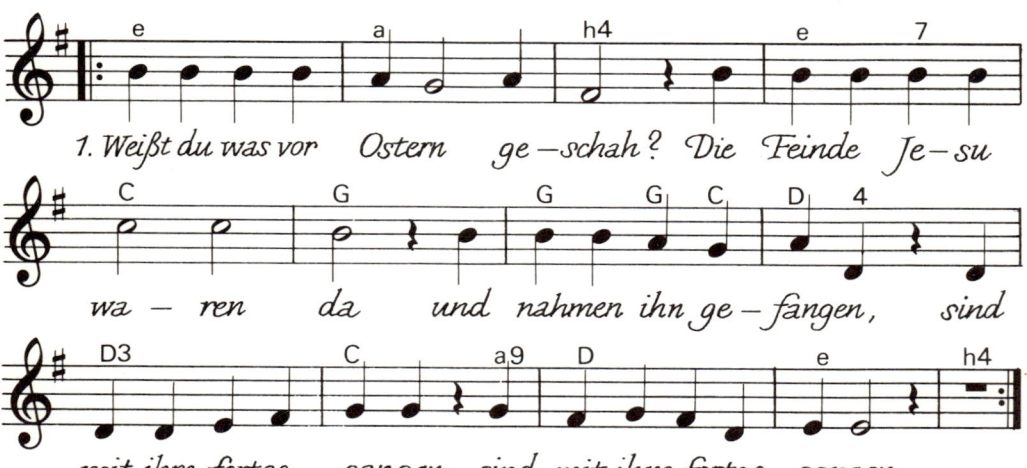

1. Weißt du was vor Ostern ge-schah? Die Feinde Je-su wa-ren da und nahmen ihn ge-fangen, sind mit ihm fortge-gangen, sind mit ihm fortge-gangen.

2. Weißt du, was vor Ostern geschah?
   Ausgeliefert war Jesus da.
   Sie wollten ihn verderben
   und sagten: „Du mußt sterben!"

3. Weißt du, was vor Ostern geschah?
   Ganz allein stand Jesus da.
   Sie haben ihn geschlagen.
   Sein Kreuz mußte er tragen.

4. Weißt du, was vor Ostern geschah?
   Er starb am Kreuz von Golgata.
   Und seine Freunde haben
   den toten Herrn begraben.

5. Weißt du was dann Ostern ge – scheh'n? Da ließ Gott
Je – sus auf er – stehn, hat ihn uns neu ge – geben, damit wir mit ihm leben, da mit wir mit ihm le – ben.

6. Freu dich, weil das Ostern geschah!
   Jesus Christus ist immer da!
   Die Osterglocken klingen.
   Laßt uns vor Freude singen!

6. Himmelfahrt – Pfingsten – Fronleichnam

Pfingsten – ein Fest für Kinder?

Der folgende Text macht deutlich, warum wir uns so schwer mit Pfingsten tun. Es ist kein Fest, um das sich wie bei Weihnachten und Ostern für Kinder freudig erwartete Bräuche gebildet haben. Pfingsten gibt es noch nicht einmal längere Schulferien.

Und doch ist gerade Pfingsten das Fest, ohne das es überhaupt keine Christen auf der Welt gäbe. Der Text regt erfahrungsgemäß zu weiteren Fragen an, die deshalb für Kinder interessant werden, weil sie im Text selbst auch von Kindern gestellt werden.

Wichtige Feste

Sandra und Thomas staunen: Ohne Pfingsten gäbe es keine christlichen Feste. – Sinn und Entfremdung christlicher Feste, äußere Erlebnisse und innere Zusammenhänge

Sandra und Thomas streiten sich über die wichtigsten Feste im Jahr. „Am allerwichtigsten ist Weihnachten!", sagt Sandra. „Schon wegen der Weihnachtsgeschenke."

„Geburtstag ist genauso wichtig!", ruft Thomas und denkt dabei daran, daß er nächste Woche Geburtstag hat. Der große Wunschzettel liegt bereits auf Papas Schreibtisch.

„Gut, Weihnachten und Geburtstag sind gleich wichtig!", stimmt Sandra zu.

„Und dann kommt Ostern!", sagt Thomas.

„Ja, Ostern ist auch ganz schön wichtig!", meint Sandra, denn die bunten Ostereier ißt sie ganz besonders gern.

Danach einigen sich die Kinder noch darauf, daß der Nikolaustag und das Martinsfest auch wichtige Feste sind. Besonders deshalb, weil sie mitten im Winter gefeiert werden und weil sie etwas Geheimnisvolles haben. Thomas erinnert sich auch an die schöne Laterne, die er für den Martinsumzug gebastelt hat.

„Erntedankfest!", schlägt Sandra noch vor.

„Ja, das ist auch ganz schön wichtig!", meint Thomas. „Aber nicht so wichtig wie Geburtstag, Weihnachten und Ostern."

„Und wie ist es mit Pfingsten?", fragt die Mutter, die aufmerksam ihren Kindern zugehört hat.

„Ja, Pfingsten ist eigentlich nicht so wichtig!", stellt Thomas fest, nachdem er eine Weile nachgedacht hat.

„Nein, Pfingsten ist nicht so wichtig!", fügt Sandra hinzu. „Da gibt es noch nicht einmal lange Ferien!"

„Das stimmt!", sagt Thomas, der bereits zur Schule geht. „Die Osterferien und Weihnachtsferien sind viel länger!"
Die Mutter lacht. Dann sagt sie: „Ohne Pfingsten gäbe es bei uns kein Weihnachten und kein Ostern. Wir würden keines eurer allerwichtigsten Feste feiern. Wir würden nicht einmal wissen, daß es diese Feste gibt."
Keine Weihnachtsgeschenke! Keine Ostereier!
Was soll das mit Pfingsten zu tun haben?
Sandra und Thomas wundern sich nur.
„Pfingsten trafen sich die Freunde Jesu. Da schickte Gott sie in alle Welt, um allen Menschen von Jesus zu erzählen. Die Freunde nannten sich nach ihrem Herrn Jesus Christus. Sie nannten sich Christen. Sie erzählten überall von Jesus. Sie erzählten, daß er in einem Stall geboren wurde und später am Kreuz sterben mußte und daß er der König der Welt ist."
„Deshalb gibt es Weihnachten und Ostern bei uns?", fragt Thomas mit großen Augen.
„Ja!" lacht die Mutter. „Seitdem gibt es viele Menschen auf der Welt, die Christen heißen, bei uns, in Italien, in Schweden, in Amerika, in Afrika, in Australien, in Asien ... überall auf der Welt!"
Jetzt fragt Sandra: „Woran erkennt man denn, daß sie Christen sind?"
„Sie sind getauft", sagt die Mutter. „Sie gehen zur Kirche, sie feiern all die christlichen Feste, die an Jesus Christus erinnern, zum Beispiel Weihnachten und Ostern."
„Und ohne Pfingsten gäbe es bei uns kein Weihnachten und kein Ostern?", fragt Sandra noch einmal.
Als die Mutter nickt, meint sie: „Dann ist Pfingsten doch ein ganz schön wichtiges Fest!"
„Ja, Pfingsten hat alles einmal angefangen!", sagt die Mutter. „Die Freunde Jesu zogen in die Welt hinaus und erzählten von ihrem Herrn."

Rolf Krenzer

Hier könnte man beim Erzählen anhalten und mit den Kindern darüber sprechen, ob Pfingsten wichtig oder nicht wichtig ist. Danach den Text weiter anbieten.
Gut geeignet auch für die Elternarbeit.
Aus R. Krenzer / Volker Fritz (Hrsg.): „100 einfache Texte zum Kirchenjahr". Kaufmann, Lahr /Kösel, München.

Die Pfingstgeschichte bildet auch die Grundlage zu dem folgenden Lied.

Wenn unsere Kirche Geburtstag hat   Text: Rolf Krenzer * Musik: Peter Janssens

2. Weil Jesus der Christus und König ist
   im Himmel und auf Erden,
   gibt's Christen in der ganzen Welt,
   die mit ihm leben werden.

3. Der Heilige Geist wird stets bei uns sein
   von Pfingsten an bis heute
   und morgen und in Ewigkeit.
   Das ist der Grund der Freude.

Rechte im Peter Janssens Musik Verlag, 4404 Telgte. Aus LP, MC: „Ich wünsche dir ein gutes Jahr". Studio Union, Limburg / ABAKUS, Greifenstein.

4. Weil unsere Kirche Geburtstag hat,
   drum feiern wir zusammen.
   Seit Pfingsten sind wir Christen hier
   und tragen seinen Namen.

Hierzu eignen sich auch die „Ersten Arbeitsblätter Religion: Das Kirchenjahr". Kaufmann, Lahr/ Kösel, München.

Besonders bekannte Weihnachtslieder gibt es in vielen Sprachen auf Schallplatten.

Pfingsten als Geburtstag der Kirche steht im Mittelpunkt. Jesus Christus ist bei Gott, unserem Vater. Im Lied wird auch erklärt, was es für uns heißt, Christen zu sein und warum Christen froh sein dürfen.

Wir können Bilder und Postkarten von verschiedenen Kirchen in den verschiedenen Ländern der Erde betrachten.

Wir hören uns christliche Lieder aus anderen Ländern in anderen Sprachen an. Manche Lieder erkennen wir an ihrer Melodie wieder. So loben und danken Gott Menschen in vielen Ländern in ihrer eigenen Sprache.

Christen gehen gut miteinander um. Christen tragen ihren Namen nach ihrem Herrn Jesus Christus seit ihrer Taufe. Ostern haben Menschen durch Jesus erlebt, daß Gott das Leiden überwindet. Pfingsten bricht die Begeisterung über den auferstandenen und zu Gott aufgenommenen Christus auf. So werden Türen geöffnet und trennende Mauern zwischen Menschen niedergerissen. Seit Pfingsten stehen Menschen aber auch in Verantwortung dem anderen Menschen gegenüber, weil Gott jeden einzelnen Menschen im unverstandenen Leiden, aber auch im eigenen Versagen ernst nimmt und zu ihm hält. Das Wissen darum, daß man sich auf Gott verlassen kann, gibt immer wieder neuen Mut für das eigene Leben. Pfingstlieder sind somit alle Lieder, bei denen Menschen verständnisvoll und gut miteinander umgehen im Namen ihres Herrn Jesus Christus. Im Hinblick auf die religiöse Erziehung im Kindergarten können somit alle Kreislieder gemeint sein, auch dann, wenn sie verbal keine christlichen Stoffe beinhalten. Sie machen durch ihr Spiel, durch ihr miteinander Umgehen erlebnishaft deutlich, wie fröhlich wir im Namen Gottes miteinander leben dürfen.

Hier eignet sich besonders Wolfgang Longardts Lied: „Vieles ist nicht selbstverständlich" aus der gleichnamigen LP/MC und Liedheft im Abakus-Verlag, Haversbach 1, 6349 Greifenstein-Allendorf.

Fröhliche Prozession   Text: Rolf Krenzer * Musik: Ludger Edelkötter

3. Wir haben bunte Bänder,
   wir werden immer mehr.
   Dich Christus woll'n wir loben,
   denn Du bist unser Herr.

   Refrain:
   Und so gehen ...

2. Wir tragen bunte Kleider,
   wir werden immer mehr.
   Dich Christus woll'n wir loben,
   denn Du bist unser Herr.

   Refrain:
   Und so gehen ...

Aus MC und Liedheft: Wir feiern heut' ein Fest. Alle Rechte beim impulse-musikverlag, 4406 Drensteinfurt.

Hierzu auch die Lieder „Ich sag dir GUTEN MORGEN" (Seite 30), „Halleluja-Tanz" (Seite 32), „Ich lade dich ganz herzlich ein" (Seite 34).

Weitere Lieder:
in LP/MC und Werkbuch: „Ich wünsche dir ein gutes Jahr", Abakus-Verlag, 6349 Greifenstein und Lahn-Verlag, Limburg:
– Singt mit uns vor Freude
  in MC und Liedheft: „Ich gebe dir die Hände", impulse-musikverlag, 4406 Drensteinfurt:
– Ich gebe dir die Hände
– Ich bin so gern bei dir
– Wir wollen miteinander gehen

Dieses Lied kann im Reigen gesungen und gespielt werden. Es kann an Fronleichnam als Kinderprozessionslied angeboten und zu jeder anderen Gelegenheit im Gottesdienst eingebracht werden.

Ein paar Kinder beginnen. Wir halten an und zählen. Weitere schließen sich an. Wir zählen wieder, wie viele wir schon sind. Dann ziehen wir zu dem Lied im Kreis weiter.

Geschichten aus der Bibel

Die Angebote, die hier vorgelegt werden, können nur einen kleinen Teil der Geschichten aus dem Alten und Neuen Testament vorstellen. Sie sind als Anregungen gedacht, auf welche Weise man Möglichkeiten zum Erleben und Erfahren weiterer Texte findet. Immer werden Gespräch, Spiel, Text und Lied ganz besonders im Mittelpunkt stehen, weil sie eine sehr hohe Erlebnischance bieten.

1. Gott ist der Schöpfer aller Dinge

Eine weitere Vertiefung und Darstellungsmöglichkeit zu der Einheit „Gottes Schöpfung" findet man auf den letzten Seiten dieses Buches.

Die Schöpfungsgeschichte läßt sich konkret erleben und erfahren, wenn es gelingt, das Kind auf all die Dinge aufmerksam zu machen, die es täglich um sich sieht. Alle Tiere, auch die allerkleinsten, sind Geschöpfe Gottes. Wir tragen die Verantwortung dafür, daß diese Geschöpfe ihr Leben so leben dürfen, wie es ihnen von Gott bestimmt ist. Das gilt auch für Pflanzen, für die Flüsse, das Meer usw. Wir tragen Verantwortung für alles. Gott will nicht, daß wir seine Schöpfung quälen oder gar vernichten. Er will, daß wir sie erhalten und uns an ihr erfreuen.
Die Schöpfungsgeschichte läßt sich in einfachen Worten nacherzählen. Sie wird dem Kind im Kindergarten noch deutlicher, wenn es an die Schöpfung Gottes direkt herangeführt wird und erlebt, in welcher Weise Gott alles wunderbar geordnet hat.

Anregungen

Besuch auf einem Bauernhof: Tiere kennenlernen, sie anfassen, sie füttern. – Zusehen, wie eine Kuh gemolken wird. – Eier aus dem Hühnernest holen. – Tiere als Nutztiere für den Menschen erfahren (Kuh – Milch – Butter).
Spaziergänge durch den Wald. – Besuch eines Wildparks / Wildgeheges, zusehen bei der Tierfütterung. – Tierspuren im Schnee entdecken. – Wenn wir mit dem Förster zur Wildfütterung gehen, erfahren wir auch, daß der Mensch für die Erhaltung der Tierwelt verantwortlich ist.
Wir erleben diese Verantwortung ganz besonders bei unseren Haustieren, Tiere, die uns anvertraut sind und für die wir zu sor-

gen haben. Wichtig ist zu erfahren, daß wir uns aus einer selbst-
gewollten Verantwortung nicht heraussteheln können.
Aber auch die kleinen und winzigen Tiere können Anlaß des
Staunens sein, wie wunderbar sie von ihrem Schöpfer geschaffen wurden: Die Fliege auf dem Frühstückstisch – Ameisen auf
einem Waldpfad – eine Biene auf einer Blüte – ein Schmetterling
– die Spinne in ihrem Netz – Regenwürmer im Gartenbeet usw.
Viele Lieder erzählen von Tieren und lassen sich in einfacher
Weise in ein Kreisspiel umsetzen.

Schmetterlingslied   Text: Rolf Krenzer *Musik: Ludger Edelkötter

2. Einmal wird die Raupe
   satt und müde sein,
   spinnt sich ein im Häuschen
   und schläft darin ein.

3. Aus der fetten Raupe,
   klein und so gering
   wird, wenn sie erwacht, ein
   bunter Schmetterling.

4. Fliege, kleiner Falter!
   Du bist wunderschön!
   Alle steh'n und staunen,
   wenn sie dich jetzt seh'n.

5. Ich breit' beide Arme
   weit, so weit jetzt aus.
   Seht nur her, ich fliege
   in die Welt hinaus.

6. Seid behutsam, Leute,
   rührt mich ja nicht an.
   Gott will, daß ein jedes Tier
   sein Leben leben kann.

7. Ist das nicht ein Wunder?
   Freut euch mit daran.
   Ja, Gott will, daß ein jedes Tier
   sein Leben leben kann.

                                                               Rolf Krenzer

Im Kreis stellt einer zuerst die Raupe dar. Sie kriecht zu unserem Lied ganz langsam auf dem Bauch im Kreis herum.
In der zweiten Strophe zieht sie sich zusammen und schläft. Zur
dritten Strophe verwandelt sich die Raupe in einen Schmetterling. Der Spieler richtet sich langsam auf, breitet seine Arme
weit aus und fliegt dann zur vierten Strophe im Kreis herum.
Dann sind wir alle Schmetterlinge und fliegen mit.
Spielmöglichkeiten ergeben sich auch, wenn wir farbiges
Kreppapier oder bunte Seidenstoffe oder Tücher einsetzen.

Aus MC und Liedheft: „Hast du
etwas Zeit für mich?", 1984/85.
Alle Rechte beim impulse-musikverlag, Natorp 2, 4406 Drensteinfurt.

Kleiner Käfer

Text: Rolf Krenzer   *Musik: Ludger Edelkötter

Der „kleine Käfer" hockt mitten im Kreis. Wir gehen ganz langsam von allen Seiten auf ihn zu und singen. Der kleine Käfer
pumpt und pumpt. Dann breitet er die Flügel aus und fliegt um

uns herum. Anschließend darf ein anderer den kleinen Käfer spielen.

Wir können uns auch alle auf den Boden hocken, pumpen und mit weit ausgebreiteten Flügeln davonfliegen. Wir fliegen aneinander vorbei, ohne anzustoßen. Danach hocken wir uns wieder hin, um zu dem Lied erneut wieder zunächst zu pumpen und dann loszufliegen.

Aus Spiellieder 1 (IMP 1017)
„Ich gebe Dir die Hände"
Alle Rechte beim: impulse-musikverlag, Natorp 2, 4406 Drensteinfurt

Weitere Tierlieder:
Im MC und Liedheft „Heut' ist
ein Tag, an dem ich singen
kann", Menschenkinder–Musikverlag, 4400 Münster-Hiltrup:
– Wie ein bunter Schmetterling
in LP/MC und Werkbuch: „Ich
wünsche dir ein gutes Jahr", Abakus-Verlag, 6349 Greifenstein,
und Lahn-Verlag, Limburg:
– So ist mein kleiner Hund
in MC und Liedheft: „Hast du
etwas Zeit für mich?", impulse-
musikverlag, 4406 Drensteinfurt:
– Morgens sind die Schmetterlinge müde
– Hereinspaziert
in LP und Liedheft: „Der grüne
Zweig", Peter Janssens Musik
Verlag, 4404 Telgte:
– Kind und Käfer

Auch die Pflanzen sind Gottes Geschöpfe. Auch sie sind auf unsere Hilfe angewiesen. Wir gießen sie im Kindergarten, sehen zu, wie aus der Erde Pflanzen wachsen.

Wir erleben, daß Pflanzen und Blumen viel länger leben und schöner sind, wenn sie im Garten, auf der Wiese stehen bleiben dürfen und nicht abgepflückt und später weggeworfen werden.

Eine tote weggeworfene Blume, die wir finden, kann Anlaß sein, uns andere Blumen im Garten oder auf der Wiese zu betrachten: Blumen, die nicht abgerissen wurden, sondern dort weiterleben. Aber auch die Früchte, die uns Gott schenkt, erleben wir. Wir nehmen dankbar das Obst, das Gemüse, das Korn für unser tägliches Essen und bringen beim Tischgebet und zum Erntedankfest Gott unseren Dank dafür dar.

Margarete Jehn hat ein Spiellied über einen Baum als lebendes Geschöpf Gottes geschrieben, das hier erstmals veröffentlicht wird:

Ich bin der Baum vor deinem Haus

Text und Musik: Margarete Jehn

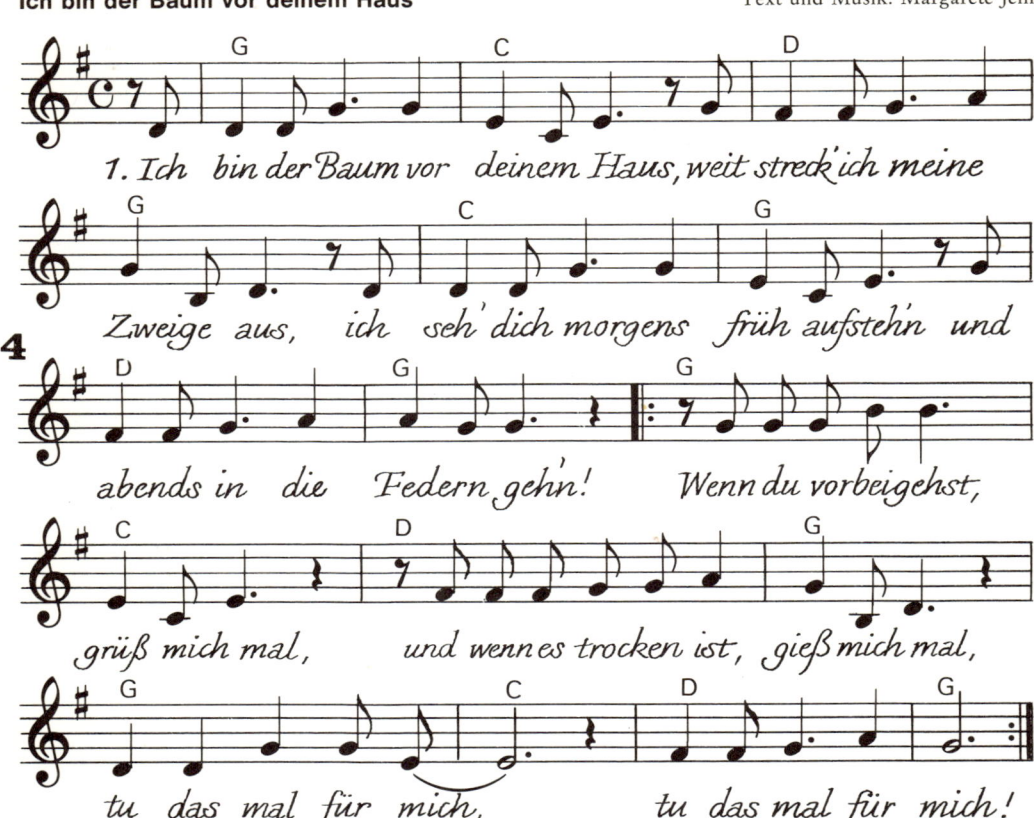

1. Ich bin der Baum vor deinem Haus, weit streck' ich meine Zweige aus, ich seh' dich morgens früh aufstehn und abends in die Federn gehn! Wenn du vorbeigehst, grüß mich mal, und wenn es trocken ist, gieß mich mal, tu das mal für mich, tu das mal für mich!

2. Ich kenne alle, die hier sind,
die Frau'n, die Männer, jedes Kind,
hör' wie ihr weint, hör' wie ihr lacht,
krieg' mit, wenn ihr euch Sorgen macht!
    Wenn du vorbeigehst grüß mich mal ...

3. Auch ich hab' Sorgen nicht zu knapp –
man gräbt mir hier das Wasser ab,
kippt mit Beton den Boden voll,
sag mir, wie ich noch wachsen soll!
    Wenn du vorbeigehst grüß mich mal ...

4. Du weißt, die Bäume weit und breit,
die haben eine schwere Zeit;
ich seh', auch dir geht's nicht so gut,
mach es wie ich, behalt den Mut!
    Wenn du vorbeigehst grüß mich mal ...

5. Du, sieh doch mal zum Fenster raus –
ich bin der Baum vor deinem Haus;
wenn du mich nicht alleine läßt,
halt' ich mich an der Erde fest!
    Wenn du vorbeigehst grüß mich mal ...

Rechte bei den Autoren

Einer stellt den Baum dar. Er steht mitten im Kreis.
Zu den Strophen gehen wir im Kreis langsam um ihn herum.
Beim Refrain gehen wir auf ihn zu, drücken ihn, streicheln ihn,
grüßen ihn, gießen ihn, usw.

Ein weiteres Spiellied mit dem Titel: „Du alter Baum" ist auf der MC und im Liedheft: „Hast du etwas Zeit für mich?" enthalten (impulse-musikverlag, 4406 Drensteinfurt).

Steine und Sand, der Regen, die Sonne, Berge und Wälder,

alles hat Gott für uns geschaffen.

Wir erleben etwas von der Schönheit dieser Schöpfung, wenn wir im Sand spielen, baden, uns von der Sonne wärmen lassen, durch den Schnee stapfen.

Diese Erlebnisse werden bewußt gemacht, wenn wir gemeinsam darüber sprechen, wenn wir Gott für all das danken, was er uns mit seiner Schöpfung geschenkt hat.

Das kann mit den Worten des 104. Psalms geschehen, ebenso mit gebundenen und freien Gebeten[1].

[1] Sprachlich sehr einfache Fassung in dem Gebetbuch: „Halte zu mir heute, guter Gott", Lahn-Verlag, Limburg. Auf der gleichnamigen LP und MC hat Ludger Edelkötter eine sehr überzeugende Vertonung gestaltet (impulse-musikverlag, 4406 Drensteinfurt, und Lahn-Verlag, Limburg).

Gebet

Du schufst die Welt,
das Meer und das Land.
Wir loben dich!
Du schufst die Berge,
die Sterne, den Sand.
Wir preisen dich!
Du schufst die Blumen
und Tiere im Land.
Wir danken dir.
Du schufst auch uns,
und du reichst uns die Hand.
Wir folgen dir! Amen.   Rolf Krenzer

Aus LP und MC: „Halte zu mir heute, guter Gott". Alle Rechte beim impulse-musikverlag, Natorp 2, 4406 Drensteinfurt

Im Lied kann sich das Kind mit dem Text identifizieren und mitsingen und Gott für all das danken, wovon es singt, weil es seiner direkten Erlebniswelt entspricht.

Ich freu' mich, daß die Sonne lacht

Text: Rolf Krenzer * Musik: Ludger Edelkötter

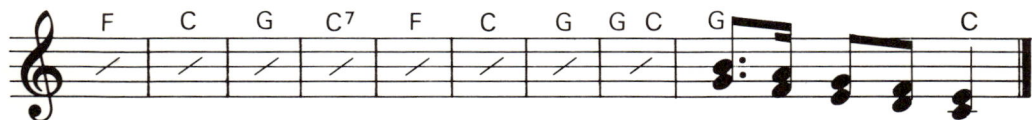

2. Ich freu' mich, wenn die Blumen blüh'n.
   Sie leuchten in dem frischen Grün.
   Willst du die schönen Blumen seh'n?
   Ich zeig' dir, wo sie stehn.

3. Ich freu' mich, daß ein Vogel singt
   und über mir sein Lied erklingt.
   Ich pfeife fröhlich mit, und du,
   du summst ganz leis' dazu.

4. Ich freu' mich, daß im Sonnenschein
   das Wasser lädt zum Baden ein.
   Wir spritzen uns ein bißchen naß
   und haben unsern Spaß.

5. Ich freu' mich, daß man Erdbeer'n dann
   in unserm Garten pflücken kann.
   Und wenn du Lust auf Erdbeer'n hast,
   bist du heut' unser Gast.

6. Ich freu' mich, wenn ein Käfer brummt
   und eine Biene lustig summt.
   Ich freu' mich über diesen Tag
   und weil ich dich so mag.

7. So will ich für den Sonnenschein
   von Herzen froh und dankbar sein.
   Ich freu' mich, daß die Sonne lacht
   und alle fröhlich macht.

In der direkten Begegnung, auf Bildern und Fotos, in Geschichten und Liedern und im Spiel wird dem Kind bewußt gemacht, was alles zu Gottes Schöpfung gehört, daß Menschen, Tiere und Pflanzen Teile dieser Schöpfung sind. Dem Kind soll ebenso bewußt werden, daß Gott diese seine Schöpfung schützt und erhält und daß Gott unser Vater ist, wir seine Kinder, seine Geschöpfe.
Gott hält an dem Bund fest, den er einmal mit den Menschen geschlossen hat. Als Zeichen dieses Bundes steht immer wieder der Regenbogen am Himmel.

Ein Musikspiel zum Mitmachen

Lied- und Spielheft/MC mit dem Titel: „Solange die Erde steht", im Menschenkinder-Musikverlag, Am Hagen 5, 4400 Münster-Hiltrup 1985. Darin hat Detlev Jökker auch das folgende Spiel von Noah als Spiellied vertont.

2. Noah und die große Flut

Weil die Menschen sich von Gott abgewendet haben und seine Schöpfung zerstören, will Gott die Welt vernichten. Sie soll von gewaltigen Flutmassen überspült werden.
Nur ein Mensch hört auf das, was Gott von ihm will. Er heißt Noah. Noah und seine Familie will Gott retten, wenn er die große Flut über die Erde schicken wird.
Noah soll ein großes Schiff bauen. Ein Schiff, so groß, daß alle Menschen und die Tiere, die Gott retten will, darin unterkommen können.

Die Geschichte von Noah im Spiel nachvollziehen

Spiel: Noah und die große Flut

Erzähler:	Noah berichtet, daß Gott eine große Flut über die Welt schicken wird. Er fordert auf, die Arche zu bauen.
Noah:	Gott sprach: Die Welt ist nicht mehr gut! Drum schickt er eine große Flut. Doch die, die Gott vertrauen, sollen ein Schiff jetzt bauen! Helft alle mit! Packt alle an! Dann geht die Arbeit gut voran.
Ein Mann:	Ein Schiff hier mitten auf dem Land?
Eine Frau:	Der Noah ist ja hirnverbrannt!

Spiel

Ein Mann: Wenn du das willst, so baue nun!
                Ich habe Wichtigeres zu tun!

Noah: Oh seht, so lassen sie mich stehen!
                Doch was Gott sagt, wird auch geschehen.

Noahs Söhne kommen und sagen:
                Wir wollen mit dir Gott vertrauen.
                Drum helfen wir, das Schiff zu bauen.
                Wir helfen mit und packen an.
                Dann geht die Arbeit gut voran.

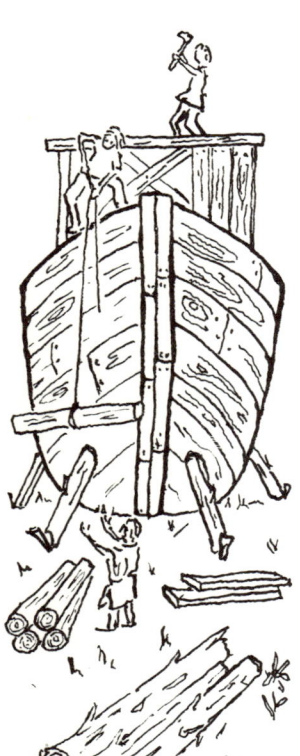

Das große Schiff kann im Kreis gebaut werden. Ein Teil des Spielkreises kann Noahs Schiff darstellen. Dabei fassen sich viele Mitspieler an den Händen und bilden so das Schiff, das später, wenn es über das Wasser fährt, auch entsprechende Bewegungen macht. Es kann auch als Ellipse auf den Boden gezeichnet oder mit einem Seil gelegt werden. Wir haben das Schiff auch aus vielen Tischen, Pappkartons, Stühlen und Decken gebaut. Kindern macht es viel Spaß, in die Arche hineinzukriechen und später aus einem zweiten Ausgang wieder hinaus. Dann können ganz viele Tiere einziehen, mehr Tiere als Mitspieler, so daß jeder Mitspieler die unterschiedlichsten Tiere darstellen kann.

Noah: Seht her, hier ist das Schiff gebaut!
                Herbei, ihr Leute! Kommt und schaut!
                Die große Flut kommt heute!
                Beeilt euch sehr, ihr Leute!
                Steigt in das Schiff hinein!
                Ihr werdet sicher sein!

Die Leute kommen hinzu, sehen sich das Schiff an und lachen Noah aus. Dann gehen sie davon.

Einer der Söhne, der mitgeholfen hat:
                Die Leute aber lachen,
                weil sie sich nichts d'raus machen.

Zweiter Sohn: Sie lachen unseren Vater aus
                und gehen schnell nach Haus!

Noah: Seht nur, die Tiere kommen!
                Sie werden aufgenommen!
                Kommt her! Ich lad' euch alle ein!
                Kommt in das Schiff hinein!

Jeweils zwei Spieler stellen ein Tierpaar dar. Die Tiere können pantomimisch dargestellt werden. Es können aber auch entsprechende Requisiten und Kostümandeutungen von allen ge-

meinsam hierfür ausgearbeitet werden, z.B. ein Rüssel für den
Elefanten, Pappohren für die Hasen, Ringelschwänzchen für die
Schweine, usw. Jeder darf ein Tier spielen. Da gibt es Löwen
und Bären, Hunde und Katzen, Mäuse und Zebras, Schnecken
und Frösche. Noah führt sie alle in das Schiff hinein.
Das Lied, zu dem die Tiere in die Arche kommen, ist so einfach
konzipiert, daß jedes von den Kindern gewünschte Tier auch in
den Text eingesetzt werden kann, so daß sein Einzug mit dem
Singen der entsprechenden Strophe begleitet wird.

Es gibt aber auch Schwierigkeiten. Dann unterbrechen wir das
Lied und besprechen mit dem Spieler, was geschehen soll.
Beispiele: Darf der Holzwurm auch in das Schiff? Was passiert,
wenn er die Holzwände zerstört, wenn er Löcher in das Holz
bohrt? Dann wird am Ende das Schiff mit den vielen Menschen
und Tieren doch untergehen. (Wie wäre es, wenn der Holzwurm
ein extra dickes Brett zusätzlich bekäme, an dem er ewig lang
herumbohren müßte. Oder wir setzen ihn auf den Panzer der
Schildkröte. Da kann er bohren und bohren. Den Panzer bringt
er nicht kaputt.)

Wie ist das mit den kleinen Tieren? Werden sie nicht von den
großen Tieren am Ende totgetreten? (Da gibt es Plätze für die
kleinen Tiere, die sie davor schützen, auch unabsichtlich von
den großen getreten zu werden.)
Aber was passiert, wenn die Löwen die Schweine sehen und die
Katzen die Mäuse? Die stürzen sich doch sofort darauf! (Wenn
sie von Gott in die Arche eingeladen werden, wird keiner dem
anderen etwas zuleide tun.)

Und wie ist das mit den Läusen und Flöhen? Das ist doch Unge-
ziefer. Wenn die hereinkommen, ist am Ende die ganze Mann-
schaft verlaust. (So sind wir Menschen. Wir entscheiden, wer
überleben darf, wer würdig ist oder nicht. Aber das ist nicht unsere Sache, sondern die Sache Gottes. Deshalb dürfen alle hinein, die schwarzen Schafe, die Ratten, die Schlangen, die
Skorpione und die Spinnen.)

Die Tiere kommen

Text: Rolf Krenzer * Musik: Peter Janssens

Kommt ge-schwind, kommt ge-schwind, weil die große Flut be-ginnt!

Kommt herein, kommt herein, steigt in No-ahs Arche ein! 1. Die

E - le-fan-ten kom - men, sie wer-den auf ge-nom-men. Und

Noah lädt sie al - le ein: Kommt in das Schiff hi - nein!

2. Die fetten Schweine kommen,
   sie werden aufgenommen. Und Noah lädt sie alle ein:
   Kommt in das Schiff hinein!

3. Panther und Tiger kommen,
   sie werden aufgenommen. Und Noah lädt sie alle ein:
   Kommt in das Schiff hinein!

4. Und die Kamele kommen,
   sie werden aufgenommen. Und Noah lädt sie alle ein:
   Kommt in das Schiff hinein!

5. Und auch die Kühe kommen …
   Hunde und Katzen kommen …
   Die kleinen Mäuse kommen …
   Die Schmetterlinge kommen …
   Die kleinen Käfer kommen …
   Die schwarzen Spinnen kommen …
   Die Stubenfliegen kommen
   usw.

Wenn alle Tiere in der Arche sind, schließt Noah die Tür und
geht selbst in die Arche hinein.

Noah: Was Gott so wollte, ist getan!
     O weh, es fängt zu regnen an!
     Es regnet immer mehr
     aus Wolken schwarz und schwer.
     Es regnet heut' und morgen.
     Im Schiff sind wir geborgen.
     Wir schaukeln hin und her
     und fahren über's Meer.

Das Schiff beginnt zu schaukeln. Dazu singen wir das Schiffschaukel-Schaukelschiff-Lied.

Schiffschaukel-Schaukelschiff-Lied

Text: Rolf Krenzer * Musik: Peter Janssens

1. Wenn das Schiff-schau-kel-Schaukelschiff-Schaukel-pferd fährt mit der
Ar - che mit, muß es ein-sich-tig, umsichtig, vor-sich-tig sein, damit es kei - nen tritt. Refrain: Aufpassen, aufpassen, aufpassen,
einer muß den an-dern le-ben lassen! Achtgeben, achtgeben,
achtgeben, al-le wol-len ü - ber le-ben! 2. Wenn der

2. Wenn der Schiffschaukel-
   Schaukelschiff-
   Schaukelhund
   auch mit der Arche reist,
   muß er einsichtig,
   umsichtig,
   vorsichtig sein,
   damit er keinen beißt. Refrain

3. Wenn der Schiffschaukel-
   Schaukelschiff-
   Schaukelbär
   auch in der Arche ist,
   muß er einsichtig,
   umsichtig,
   vorsichtig sein,
   damit er keinen frißt. Refrain

4. Wenn der Schiffschaukel-
   Schaukelschiff-
   Schaukel-
   igel auch 'nen Platz dort kriegt,
   muß er einsichtig,
   umsichtig,
   vorsichtig sein,
   damit er keinen piekt. Refrain

5. Auch der Schiffschaukel-
   Schaukelschiff-
   Schaukelfloh
   übt überall Verzicht.
   Er muß einsichtig,
   umsichtig,
   vorsichtig sein,
   damit er keinen sticht. Refrain

6. Wenn dem Schiffschaukel-
   Schaukelschiff-
   Schaukelmensch
   das Überleben glückt,
   ist er einsichtig,
   umsichtig,
   vorsichtig. So
   wird keiner unterdrückt. Refrain

7. Daß der Schiffschaukel-
   Schaukelschiff-
   Schaukelmaus
   am Ende nichts passiert,
   mußt du einsichtig,
   umsichtig,
   vorsichtig sein.
   Dann klappt das garantiert. Refrain

Refrain: Aufpassen, aufpassen, aufpassen,
einer muß den ander'n leben lassen.
Achtgeben, achtgeben, achtgeben,
alle wollen überleben.

Zu dem Lied können alle in der Arche herumgehen, durcheinander, vorwärts, rückwärts, auf dem Bauch kriechen, krabbeln, auf allen Vieren laufen, springen, schleichen, usw., aber jeder muß aufpassen, daß er nicht an den anderen stößt, damit keiner hinfällt. Wenn wir ganz dicht beieinander hocken, kann man versuchen, übereinander zu klettern, zu krabbeln, zu kriechen, ohne dem anderen weh zu tun.

Spielleiter: Viele Tage und Wochen trieb das Schiff über das Meer. Aber jetzt setzt es auf Grund auf. Im Schiff gibt es einen kleinen Ruck.
Noah: Seht nur: Vorüber ist die Flut!
      Dankt Gott, denn jetzt wird alles gut!

Spielleiter: Noah schickt einen Vogel aus. Er soll erkunden, ob die Erde wieder trocken ist!
Dazu können wir das Lied „Vogel, fliege deine Runden" (Seite 89) mit folgendem Text singen!

> Vogel, fliege deine Runden.
> Fliege los und künde an,
> ob das Wasser ist verschwunden,
> ob das Land uns tragen kann.

Der Vogel fliegt mit weit ausgebreiteten Armen langsam herum. Er kann auch von einem Erzieher auf dem Rücken getragen werden.

Spielleiter: Da kommt der Vogel zurück. Er ist müde.
Nein, es ist noch überall Wasser. Der Vogel hat sich nirgends ausruhen können. Nach einer Weile schickt Noah wieder einen Vogel aus, diesmal eine Taube.
Wieder fliegt der Vogel zu unserem Lied los.

Spielleiter: Nein, die Taube kommt auch wieder zurück! Das Land ist noch nicht trocken. Wieder warten Mensch und Tier. Aber dann schickt Noah die Taube noch einmal los.
Zu dem Lied fliegt die Taube wieder und kehrt mit einem grünen Zweig in der Hand zurück.

Noah: Seht nur, Gott schenkt uns neues Leben.
          Er hat die Welt zurückgegeben.
          Er läßt es wachsen und gedeihn.
          Wir wolln ihm immer dankbar sein!

Noah öffnet die Tür, und die Tiere verlassen nach und nach die Arche. Hierzu kann wieder das Lied eingesetzt werden, das beim Einzug der Tiere in die Arche gesungen wurden. Diesmal mit folgendem Text:

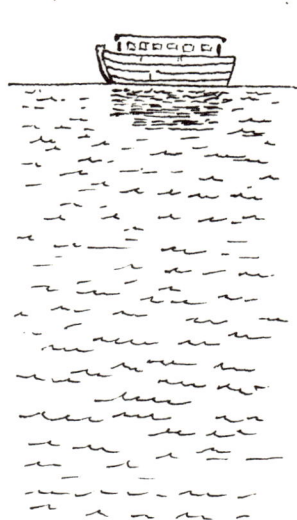

> Kommt heraus, kommt heraus!
> Kind und Käfer, Mann und Maus!
> Kommt heraus! Kommt heraus!
> Steigt aus Noahs Arche aus.
>
> Die Elefanten gehen.
> Ihr könnt sie alle sehen.
> Sie laufen in die Welt hinaus
> und bauen sich ihr Haus.
>
> Die kleinen Müse gehen ...
> Die braunen Bären gehen ...
> Die langsamen Schnecken gehen (kriechen) ... usw.

Spielleiter: Jetzt steigt auch Noah mit seiner Familie aus. Sie loben und danken Gott, daß er sie beschützt hat. Noch sind die Regenwolken zu sehen. Aber schon scheint auch die Sonne. Und dort, dort spannt sich mit vielen Farben ein Regenbogen über das Land. Das ist wie eine Brücke. Sie sagt uns: Gott verspricht, daß niemals wieder eine solche Flut kommt. Nie wieder wird so etwas Schreckliches geschehen. Immer werden wir, wenn nach dem Regen die Sonne wieder hervorkommt, diese Brücke sehen. Diesen wunderschönen Regenbogen.

Wir können mit Buntpapier, mit bunten Tüchern, mit Kreppapier einen bunten Regenbogen legen, aufhängen, anstecken usw. Wir können auch alle zusammen einen ganz großen Regenbogen malen. Und wir können unter dem Regenbogen tanzen, im Reigen gehen, spielen und singen.

Kommt, wir malen einen Regenbogen

Text: Rolf Krenzer * Musik: Peter Janssens

1. Kommt, wir malen einen Regenbogen für das große Fest, und wir bauen unterm Regenbogen sicher unser Nest.

Die Lieder „Die Tiere kommen", Das Schiffschaukel-Schaukelschiff-Lied" und „Kommt, wir malen einen Regenbogen" sind dem großen Musikspiel zum Mitmachen „Noah unterm Regenbogen" entnommen, das als LP, MC, Spielheft und Klavierauszug im Peter Janssens Musik Verlag, 4404 Telgte, erschienen ist (1984). Rechte im Peter Janssens Musik Verlag.

2. Schaut, es zeigt der bunte Regenbogen über uns'rer Welt, daß uns Gott mit diesem Regenbogen seinen Bund erhält.

2. Seht, es zieht ein bunter Regenbogen wieder über's Land, und wir stehen unterm Regenbogen fröhlich Hand in Hand.

4. Seht, es zieht ein bunter Regenbogen wieder über's Land, und wir singen unterm Regenbogen fröhlich Hand in Hand.

5. Seht, es zieht ein bunter Regenbogen wieder übers Land, und wir tanzen unterm Regenbogen fröhlich Hand in Hand.

6. Seht, es zieht ein bunter Regenbogen wieder über's Land, und wir gehen unterm Regenbogen fröhlich Hand in Hand.

Für das Spiel mit Stabpuppen oder Pappfiguren können die einzelnen Tiere aus Pappkarton ausgeschnitten, bemalt oder mit Buntpapier beklebt werden. Für ein Schattenspiel werden die Figuren zunächst aus Karton ausgeschnitten, zusätzlich noch Besonderheiten (Augen, Panzer, Schuppen, Flügel), und dann? mit farbigem Transparentpapier hinterklebt. So bleiben beispielsweise nur die Umrisse des Bären (dahinter braunes Transparentpapier) oder der Schmetterlinge (dahinter farbiges Transparentpapier). Wenn diese farbigen Tiere dicht vor die Leinwand gehalten und von hinten angestrahlt werden, gibt das dem Schattenspiel ein sehr farbenfrohes Aussehen. Mit dem Tageslichtprojektor oder dem Diaprojektor können wir zum Schluß auch einen bunten Regenbogen erscheinen lassen (auf Diaglas mit bunten Transparentfarben den Regenbogen malen, ebenso auf die Folie des Tageslichtprojektors). Beide können als Lichtquelle für unser Schattenspiel eingesetzt werden.

Kreisspiel: Wer kommt alles mit in die Arche

Wir sitzen im Kreis, und einer in der Runde beginnt: „Der gute alte Noah nimmt den Esel „I-ah" mit in die Arche. „Dabei ahmt das Kind die Laute des Esels nach. Das Kind rechts neben ihm fährt fort: „Der gute alte Noah nimmt den Esel ‚I-ah' und das Schwein ‚Nöff-nöff' mit in die Arche." Das Kind imitiert den Esel und das Schwein. Ein drittes Kind sagt: „Der gute alte Noah nimmt den Esel ‚I-ah' und das Schwein ‚Nöff-nöff' und den Vogel mit in die Arche." Es ahmt das Fliegen des Vogels nach. Und so weiter, z.B.: das Häschen (Hasenohren). Jedes Kind kann für sich alles imitieren. Es können aber auch alle beim Aufzählen mitmachen, z.B. das Piepsen der Maus, das Quaken des Frosches, das Wiehern des Pferdes …

Kreisspiel

So geht es immer weiter reihum. Jedes Kind wiederholt die Tiere, die bisher genannt wurden, und alle fügen die dazugehörigen Laute oder Geräusche hinzu.
Zum Schluß: Jetzt geht der alte Noah selbst in die Arche und schlägt die Tür hinter sich zu. Rumbum. Dazu dürfen wir einmal einen ganz lauten Schlag tun oder ganz fest mit dem Fuß aufstampfen.

3. Die Josefsgeschichte

Gerade die Geschichte von Josef läßt sich in vielen Szenen in ein Rollenspiel umsetzen. Hier geht es darum, im Spiel erleben zu lassen, daß Gott Josef nicht im Stich läßt, selbst wenn es im Augenblick noch so traurig für ihn aussieht.

Mögliche Spielszenen

- Die Brüder ärgern sich über Josef, weil er von seinem Vater vorgezogen wird. Sie beschließen, sich an ihm zu rächen. Sie wollen ihn töten, werfen ihn dann aber in einen Brunnen. Als eine Karawane aus Ägypten kommt, verkaufen sie ihn als Sklaven. Dem Vater sagen sie, ein wildes Tier habe ihn getötet.
- Später herrscht im Land Hungersnot. Da ziehen sie Brüder nach Ägypten. Sie erkennen ihren Bruder nicht, der in Ägypten zu einem mächtigen Herrn emporgestiegen ist. Josef gibt ihnen Korn und Brot, verdächtigt sie aber des Diebstahls (Becher im Sack Benjamins). Da tritt der älteste Bruder für den Jüngsten ein, und Josef gibt sich zu erkennen und vergibt seinen Brüdern. Sie holen den Vater nach Ägypten und leben fortan versöhnt mit ihrem Bruder zusammen.

"Josef zwischen Wohlstaat und Armewelt", erschienen als LP, Spielheft und Klavierauszug. Rechte im Peter Janssens Musik Verlag, 4404 Telgte.

In dem Musikspiel: "Josef zwischen Wohlstaat und Armenwelt", werden die einzelnen Szenen in einfachen Spielliedern dargestellt, die erfahrungsgemäß sogleich aufgenommen und in ein Rollenspiel umgesetzt werden. Aus dem gleichen Spiel stammt das folgende Lied, das die wichtigsten Stationen zusammenfaßt und die ganze Geschichte vertiefend vorstellt. Ein Lied, das immer wieder an die einzelnen Stationen erinnert und deutlich macht, daß dies nur so geschehen konnte, weil Josef unter dem Schutz des allmächtigen Gottes stand.

Gott schützt Josef wunderbar

Text: Rolf Krenzer * Musik: Peter Janssens

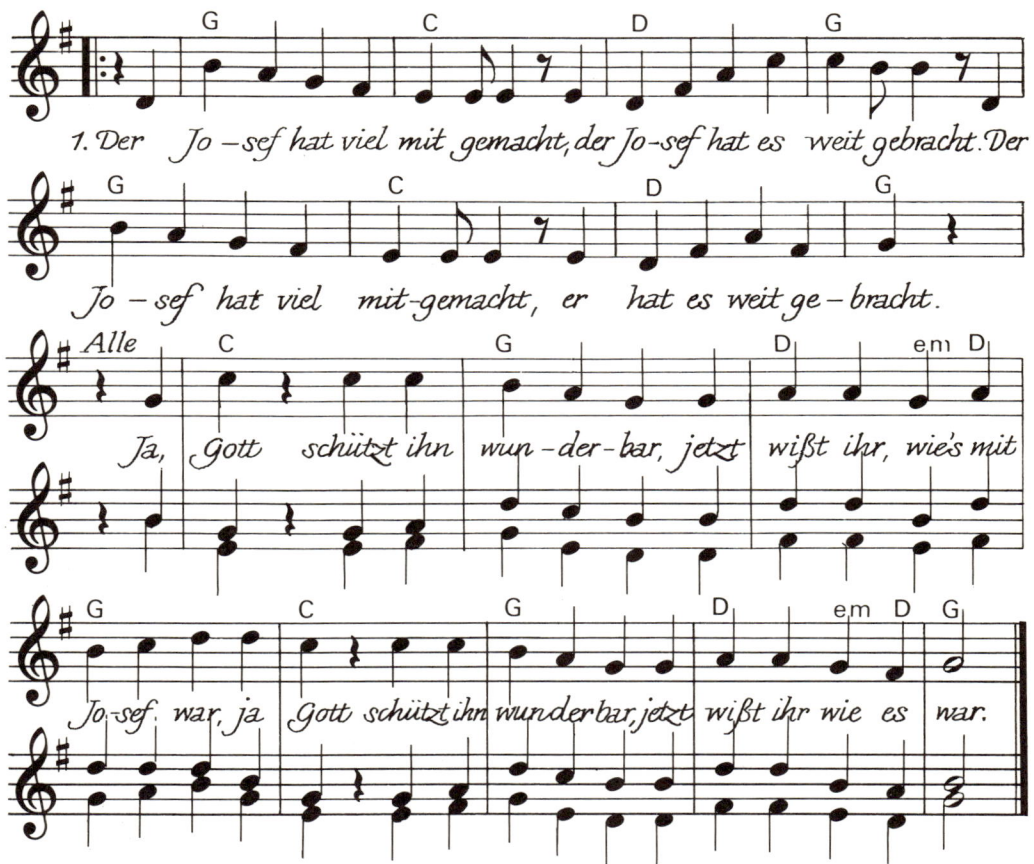

1. Der Josef hat viel mit gemacht, der Josef hat es weit gebracht. Der Josef hat viel mit-gemacht, er hat es weit ge-bracht.

Ja, Gott schützt ihn wun-der-bar, jetzt wißt ihr, wie's mit Josef war, ja Gott schützt ihn wunderbar, jetzt wißt ihr wie es war.

4. Er gab ihm Liebe, Mut und Kraft.
So hat es Josef dann geschafft.
Er gab ihm Liebe, Mut und Kraft.
So hat er es geschafft.

5. Ein angesehner, feiner Mann
war Josef in Ägypten dann.
Ein angesehner, feiner Mann,
das war der Josef dann.

2. Der Josef hat viel mitgemacht,
verkauft, ins fremde Land gebracht.
Der Josef hat viel mitgemacht,
ins fremde Land gebracht.

3. Man sperrt ihn ins Gefängnis ein,
doch Gott ließ niemals ihn allein.
Man sperrt ihn ins Gefängnis ein,
Gott ließ ihn nicht allein.

6. Und als im Land herrscht Hungersnot,
   gibt Josef jedem Korn für Brot.
   Und als im Land herrscht Hungersnot,
   gibt Josef Korn für Brot.

7. Auch seine Brüder kommen jetzt,
   die ihn verkauft und so verletzt.
   Auch seine Brüder kommen jetzt,
   die ihn so sehr verletzt.

8. Doch Josef hat nicht rumgeschrien,
   er hat den Brüdern bald verzieh'n.
   Doch Josef hat nicht rumgeschrien,
   er hat sehr bald verzieh'n.

9. Er sagt: „Ist erst mein Vater hier,
   dann lebt ihr allezeit bei mir!"
   Er sagt: „Ist erst mein Vater hier,
   lebt ihr mit ihm bei mir!"

Ja, Gott schützt ihn wunderbar!
Jetzt wißt ihr, wie's mit Josef war.
Ja, Gott schützt ihn wunderbar.
Jetzt wißt ihr, wie es war!

4. Geschichten von Jesus

Exemplarische Auswahl geeigneter Geschichten

Möglichkeiten einer erlebnishaften Erarbeitung der Weihnachts-, Passions- und Ostergeschichte sind im Kapitel zum Kirchenjahr zu finden. Die hier nun vorgestellten Spielangebote bieten exemplarisch Geschichten an, die erfahrungsgemäß gern in der Praxis angenommen werden. Sie zeigen unterschiedliche Möglichkeiten auf.

Jesus beruft seine Jünger – Jesus findet Freunde

Rollenspiel

Erzähler: Jesus geht allein durch das Land. Er will den Menschen von Gott erzählen. Jesus ist Gottes Sohn. Am See stehen zwei Fischer. Sie wollen Fische fangen.

Zwei Kinder stellen pantomimisch dar, daß sie angeln, die Netze auswaschen, Fische in einen Eimer legen. Jesus ist während den Worten des Erzählers zu den Fischern gegangen. Er bleibt bei ihnen stehen und sieht ihnen zu.

Jesus:	Kommt mit mir!
1. Fischer:	Wer bist du?
Jesus:	Ich bin Jesus.
2. Fischer:	Und was willst du tun?
Jesus:	Ich will den Menschen von Gott erzählen.

1. Fischer:	Hast du keine Arbeit?
Jesus:	Doch! Aber was ich tun will, ist wichtiger!
2. Fischer:	Du hast recht! Ich komme mit!
1. Fischer:	Ich komme auch mit. Wollen wir Freunde sein?

Die beiden Fischer reichen Jesus ihre Hände, und Jesus schlägt ein.

Erzähler: Jesus und die beiden Fischer gehen zusammen. Sie sind Freunde. Dort drüben auf dem See fahren drei Männer in einem Schiff.
In einem Boot (umgekippter Tisch) rudern drei Männer. Jesus und die beiden Fischer sehen ihnen zu.

Jesus:	Kommt mit mir!
1. Mann:	Wer seid ihr?
Beide Fischer:	Wir waren Fischer! Ja, wir waren auch Fischer.
Jesus:	Ich bin Jesus.
1. Fischer:	Er ist unser Freund!
2. Mann:	Und was willst du tun?
Jesus:	Ich will den Menschen von Gott erzählen.
3. Mann:	Und ihr?
2. Fischer:	Wir sind seine Freunde. Wir gehen mit ihm.
1. Mann:	Und eure Arbeit?
1. Fischer:	Was er tun will, ist wichtiger!
1. Mann:	Du hast recht?

Er fragt die anderen. Sie beraten leise.

2. Mann:	Wir kommen mit!

Sie rudern, dann steigen sie aus, gehen auf Jesus zu.

3. Mann:	Wollen wir Freunde sein?

Die Fischer, Jesus und die drei Männer aus dem Boot geben sich die Hände. Dann gehen sie gemeinsam weiter.

Erzähler: An einem Tor steht ein Mann und verlangt Geld. Jeder, der in die Stadt will, muß Steuern bezahlen. Der Mann will auch Zoll von Jesus und seinen Freunden.
An einem Tisch steht der Zöllner. Er hält die Hand auf.

Zöllner:	Halt! Ihr könnt nicht weiter! Zuerst müßt ihr Zoll bezahlen!
Jesus:	Komm mit mir! Ich will den Menschen von Gott erzählen.
Zöllner:	Und die andern?
Jesus:	Das sind meine Freunde!
Zöllner:	Haben sie keine Arbeit?

Jesus: Doch! Aber was ich tun will, ist wichtiger.
1. Fischer: Komm mit uns!
Zöllner: Ihr seid alle seine Freunde?

Er zögert. Als Jesus auf ihn zu geht, gibt er ihm die Hand.

Zöllner: Ich komme mit. Darf ich auch dein Freund sein?

Jesus geht auf ihn zu, umarmt ihn. Die andern geben ihm die
Hand, nehmen ihn in ihrer Gruppe auf, und gemeinsam gehen
sie weiter.

Erzähler: Jesus findet viele Freunde. Er ruft: „Komm mit mit mir!
Ich will den Menschen von Gott erzählen." Jesus ist Gottes
Sohn. Er hat zwölf Jünger. Sie gehen mit ihm, überall hin.
Es kommen immer mehr hinzu, die mit Jesus weitergehen.

Rolf Krenzer

Zu dem Spiel kann das Lied von der fröhlichen Prozession gesungen werden (Seite 141). Möglich ist auch ein
kleines Kreisspiel, das beliebig oft wiederholt werden
kann:

Ich bleib' bei dir stehen   Text: Rolf Krenzer * Musik: Englisches Volkslied

Wir stehen im Kreis. Jesus geht im Innern des Kreises herum. Er
bleibt vor einem Spieler stehen. Wenn der Spieler gefragt wird:
„Willst du mit mir gehen?", gibt er dem Spieler die Hand. Wenn

der Spieler sagt: „Ja, ich komme und gehe mit!", tritt er aus dem Kreis heraus und geht mit. Mit jedem Vers kommt ein neuer Spieler hinzu, so daß zum Schluß alle angefaßt im Kreis gehen.

Anschließend können wir ein Bild von Jesus und seinen Jüngern malen. Jeder malt einen Jünger. Dann kleben wir sie nebeneinander auf. Wir können darauf achten, daß wir die Jünger mit weit auseinandergehaltenen Armen zeichnen. Dann geben sich auf unserem Bild alle ihre Hände. Jesus ist mitten unter ihnen.

Schablonenhafte Zeichnungen, die ausgemalt werden und dann nebeneinander geklebt werden können, findet man in: „Erste Arbeitsblätter Religion I, Das Kirchenjahr." Kaufmann, Lahr/ Kösel, München.

Jesus und die Kinder

Jesus wendet sich den Kindern zu. Zu den Jüngern sagt er: „Wer Gott wie ein Kind vertraut, der wird immer seine Liebe erfahren!" Erwachsene können also von den Kindern lernen. Davon erzählt das folgende Spiellied.
Die Erwachsenen wollen zuerst nicht, daß die Kinder zu Jesus kommen. Dann werden die Kinder gefragt, was sie alles können. Was kann man von den Kindern lernen: Singen, lachen, tanzen, spielen, sich freuen, schwimmen, vertrauen, springen, helfen, usw. Was jeweils genannt wird, wird in die folgende Strophe aufgenommen und in die entsprechende Tätigkeit von allen umgesetzt.
Im Rollenspiel können sich zunächst Erwachsene und Kinder gegenüberstehen und die entsprechenden Liedtexte singen. Dann aber kommen sie zusammen und spielen, singen, klatschen, stampfen, tanzen usw. miteinander.

Erarbeitung des Spielliedes „Jesus und die Kinder"

Ein weiteres Spiellied: „Als der Herr die Stadt besucht" in MC und Liedheft: „Heut' ist ein Tag, an dem ich singen kann", Menschenkinder-Musikverlag, Am Hagen 5, 4400 Münster-Hiltrup.

Jesus ruft die Kinder

Text: Rolf Krenzer *Musik: Siegfried Fietz
© Ulmtal Musikverlags GmbH
D–6349 Greifenstein 2

1. Je-sus ruft die Kinder: Kommt doch alle her. Doch die Großen sagen: Nein!
2. Je-sus sagt: Die Kinder sol-len bei mir sein. Zu den Großen sagt er: Nein!

Kinder sind doch viel zu klein. Kinder woll'n wir hier nicht seh'n. Sie
Ihr sollt wie die Kinder sein! Seht euch nur die Kinder an. Seht

1. sollen spielen geh'n. 2. was man lernen kann. Kinder können singen,
Kinder können la-chen...

hört euch das nur an. Alle Leu-te groß und klein, die stimmen mit den Kindern ein.

Mach doch mit und du wirst seh'n, so wird es wun-der-wun-der-schön,

mach doch mit und du wirst seh'n, so wird es wunderschön. Hey. wird es wunderschön.

Aus LP, MC und Liedheft: „Ein Regenbogen bunt und schön". Abakus, Greifenstein.

Das Spiellied läßt sich auch in der Kindermesse, im Familiengottesdienst ganz ungeübt und spontan einsetzen.

Jesus und Zachäus

Die Geschichte läßt sich zum Erzählen gleich in ein Rollenspiel umsetzen:

Zachäus steht am Stadttor (Tisch) und nimmt allen Leuten, die vorbeikommen, den Zoll ab. Aber er verlangt sehr viel, so daß manch einer laut schimpft.
Als Jesus in die Stadt kommt, laufen die Menschen zusammen, um ihn zu sehen. Da läuft auch Zachäus los.
Die Leute stehen um Jesus herum. Zachäus ist so klein, daß er nicht über die Leute wegsehen kann. Er versucht es immer wieder, springt hoch, geht auf Zehenspitzen, versucht, sich hindurchzudrängen. Dann entdeckt er einen Baum (Kind mit ausgebreiteten Händen vor einem Stuhl) und steigt hinauf.
Jesus sieht Zachäus und winkt ihm zu. Er sagt: „Steige herunter vom Baum! Ich will dich heute besuchen!"
Da steigt Zachäus vom Baum und führt Jesus in sein Haus. Er tischt ihm auf, was er zu bieten hat.
Die Leute vor dem Haus ärgern sich. Sie ballen die Fäuste, schimpfen laut, werden immer lauter und drohender (mit hoch erhobenen Händen gehen sie auf Zachäus zu).
Da greift Zachäus in seine Tasche und gibt alles zurück, was er ihnen abgenommen hat.
Jesus sieht ihm zu. Dann steht er vom Tisch auf, geht zu Zachäus und legt seinen Arm um ihn.
Wir können auch mit Orffinstrumenten akustisch darstellen, wie böse Zachäus zuerst ist und wie glücklich er dann wird, als er den Leuten alles wieder zurückgegeben hat (kalte, laute Töne – helle, warme Töne).

Lieder zu diesem Spiel, die die Geschichte strophenweise erzählen und sogleich in ein Spiel umgesetzt werden können, findet man in: „Kommt alle und seid froh", Liedheft, MC und LP im Peter Janssens Musikverlag, Telgte, und in: „Ein Regenbogen bunt und schön", LP, MC und Liedheft. Abakus, Greifenstein und Lahn-Verlag, Limburg.

Die Stillung des Seesturmes

Ein umgedrehter Tisch stellt das Boot dar, in dem Jesus und die Jünger sitzen. Die Spielanweisungen ergeben sich aus dem Text des nachfolgenden Spielliedes. Die Angst der Jünger kann mimisch und gestisch dargestellt werden. Das Boot kann auch von einigen Kindern hin und her geschoben werden, um zu zeigen, wie wild der See ist.
Eine andere Möglichkeit: Wir setzen uns mit gespreizten Beinen hintereinander und rudern. Je nach Wind und Wellen schaukeln wir dazu immer heftiger, bis Jesus aufsteht und dem Wind Schweigen gebietet. Dann rudern wir ganz ruhig.

Wir fahren über'n See

Text: Rolf Krenzer *Musik: Peter Janssens

Wir fahren übern See, das Rudern fällt uns schwer. Wir fahren übern See, und müde ist der Herr.

2. Wir fahren übern See,
   und unser Herr schläft ein.
   Wir fahren übern See.
   Wie wird's da draußen sein?

3. Der Sturm zieht übern See.
   Ein Unwetter geht los.
   Der Sturm zieht übern See.
   Wie schützen wir uns bloß?

4. Ein Sturm zieht übern See.
   Die Welle schlägt ins Boot.
   Ein Sturm zieht übern See,
   und groß ist unsre Not.

5. So stürmisch ist der See.
   Was wird mit uns geschehn?
   So stürmisch ist der See.
   Wir werden untergehn!

6. So stürmisch ist der See.
   Wir fürchten uns so sehr.
   So stürmisch ist der See.
   „Wach endlich auf, oh Herr!"

7. Ganz ruhig wird der See,
   weil Jesus es so will.
   Ganz ruhig wird der See,
   und auch der Sturm wird still.

8. Wir fahren still dahin.
   Und Jesus zu uns spricht:
   Wenn ich hier bei euch bin,
   dann fürchtet euch doch nicht!"

Aus MC und Liedheft: „Ich schenk' dir einen Sonnenstrahl." Rechte im Peter Janssens Musik Verlag, 4404 Telgte 1985.

Zu diesem Lied können von allen immer lauter werdende Geräusche produziert werden (auch Einsatz von Geräuschinstrumenten), die dann, wenn Wind und See still werden, ebenfalls immer ruhiger oder harmonischer werden.

Jesus heilt einen Blinden

Eine Heilungsgeschichte

Die Geschichte vom blinden Bartimäus läßt sich in einem Kreisspiel erleben. Jesus geht langsam herum. Bartimäus sitzt vor seinem Stuhl. Er trägt eine Binde vor den Augen. Er ist blind. Er horcht, bis er die Schritte wahrnimmt. Dann ruft er: „Jesus, hilf mir!" Die anderen Mitspieler ru-

fen: „Sei still!" Der Blinde ruft immer lauter. Da bleibt
Jesus stehen. Er sagt: „Komm zu mir!" Der Blinde tastet
sich zu Jesus hin. Jesus fragt: „Was soll ich tun?" Der
Blinde antwortet: „Ich möchte sehen!" Da nimmt ihm
Jesus die Binde von den Augen.
Das folgende Spiellied gibt die Spielanweisungen direkt
aus dem Text der Strophen. Der Refrain wird von allen
mitgesungen.

Das Lied vom blinden Bartimäus   Text: Rolf Krenzer   *Musik: Peter Janssens

1. Als Je-sus kam nach Jeri-cho,   da saß am Straßenrand ein

Mann, der nichts mehr sehen konnt und keinen Freund mehr fand. Der

blinde Barti — mäus war   so   arm und so al — lein. Doch

als er hört, der Herr ist da, fing   er laut an zu   schrein.

Refrain:

So ist es ge-schehn,   so ist es ge-schehn,   da saß ein Mann am

Straßenrand, der konnte nichts mehr sehn. konnte nichts mehr sehn.

2. „Oh, Jesus, Herr aus Nazareth!"
Was war das ein Geschrei!
„Erbarme dich! Erbarme dich,
oh Herr, und steh mir bei!"
Die Leute wurden ärgerlich,
und sie bedrohten ihn.
Jedoch der Mann am Straßenrand
hat weiter laut geschrien.
    So ist es gescheh'n.
    So ist es gescheh'n.
    Da war ein Mann am Straßenrand,
    der wollt' zu Jesus geh'n.

3. Sie sagten: „Geh zur Seite, Mann,
und sei jetzt endlich still!"
Jedoch der Mann am Straßenrand
war ja schon fast am Ziel.
„Oh Jesus, Herr aus Nazareth!
Erbarme dich!", schrie er.
Als Jesus ihn so schreien hört',
da rief er: „Komm doch her!"
    So ist es gescheh'n.
    So ist es gescheh'n.
    Da war ein Mann am Straßenrand,
    der durft' zu Jesus geh'n.

4. Da stand sogleich der Blinde auf
und ging zu Jesus nun.
Und Jesus sah ihn freundlich an
und fragt': „Was soll ich tun?"
So stand der arme Bruder da,
vom Straßenrand der Mann.
Und voll Vertrauen sagte er:
„Mach, daß ich sehen kann!"
    So ist es gescheh'n.
    So ist es gescheh'n.
    Da war ein Mann vom Straßenrand,
    der blieb vor Jesus steh'n.

Und Jesus sah den Blinden an
und sagte: „Du kannst geh'n!
Weil du so glaubst, mein Freund,
drum kannst du wirklich wieder seh'n!"
Da blickt der Arme in die Welt
mit Augen hell und wach.
Da ließ er alles hinter sich
und folgte Jesus nach.
    So ist es gescheh'n.
    So ist es gescheh'n.
    Da war ein Mann vom Straßenrand,
    der konnte wieder sehn.

Aus MC und Liedheft: „Ich
schenk' dir einen Sonnenstrahl",
1985. Rechte im Peter Janssens
Musikverlag, 4404 Telgte.

So ist es gescheh'n.
So ist es gescheh'n.
Da wollt ein Mann vom Straßenrand
mit Jesus weitergeh'n.

Das Gleichnis vom guten Hirten

Ein Hirte, der seine Schafe lieb hat und sich um sie sorgt,
vermißt plötzlich ein Schaf aus seiner Herde. Da macht er
sich auf und sucht so lange, bis er es findet. Glücklich
trägt er das erschöpfte Tier auf seinen Schultern nach
Hause und lädt alle Freunde ein, sich mit ihm zu freuen.
Erlebnisse durch die Sorge um ein Tier, einen Menschen,
den man lieb hat, hat jedes Kind bereits gehabt. Aber auch
die Freude, das Tier, den Menschen wiederzufinden. Es
ist ein Gleichnis, das in der realen Situation des Kindes im
Kindergarten angesiedelt ist und deshalb verstanden wird.

Die Kinder können über ihre eigenen Erlebnisse berichten: Plötzlich war im Warenhaus die Mutter nicht mehr
da. – Der kleine Bruder wurde überall gesucht. – Der
Wellensittich war fortgeflogen. – Der Hund hatte sich
verlaufen, usw.
In einem Spiellied kann das Suchen und Wiederfinden erlebnishaft vertieft werden:

Suchlied   Text: Rolf Krenzer   *Musik: Peter Janssens

2. Meine Schwester hat sich verlaufen.
   Wer hat sie geseh'n?
   Es soll doch meiner Petra nichts Böses gescheh'n.
   Ich suche die Petra.
   Sie kennt sich doch nicht aus.
   Wenn ich die Petra finde,
   bring' ich sie nach Haus.

3. Mein Hund hat sich verlaufen.
   Wer hat ihn geseh'n?
   Es soll doch meinem Stupsi nichts Böses gescheh'n.
   Ich suche den Stupsi
   Er kennt sich doch nicht aus.
   Wenn ich den Stupsi finde,
   bring' ich ihn nach Haus.

Aus LP, MC und Liedheft:
„Kommt alle und seid froh",
1982. Rechte im Peter Janssens
Musik Verlag, 4404 Telgte.

Ein Kind ist der Hirte, ein anderes das Schaf. Wir stehen im Kreis, und das Schäfchen läuft im Kreis herum. Es versteckt sich dann hinter einem Mitspieler.
Der Hirte hat sich die Augen zugehalten oder herumgedreht, so daß er nicht sieht, wo sich das Schäfchen versteckt hat. Jetzt sucht er so lange, bis er das Schäfchen gefunden hat. Dann nimmt er es an die Hand und führt es zu seinem Platz. Nun dürfen andere Spieler Hirte und Schäfchen sein.

In gleicher Weise läßt sich das Spiellied: „Hilfst du mir mein Schäfchen suchen?" in LP, MC und Liedheft: „Ein Regenbogen bunt und schön". Abakus, Greifenstein/Studio Union, Limburg spielen.

In den „Ersten Arbeitsblättern Religion: Vom Morgen zum Abend", Kaufmann, Lahr/Kösel, München, werden Schafe, Hirte, Hund und Pferch auf stabilem Karton zum Ausschneiden, Ausmalen und Aufstellen angeboten, dazu ein Panoramabild als Hintergrund.

Eine Übertragung auf die Situation, daß ein Kind allein vor einer Ampel steht und sicher von seinem Erzieher zu den anderen Kindern geführt wird, wird auch auf den genannten Arbeitsblättern vorgestellt.

Alle Erlebnisse, die das Kind in ähnlicher Weise erfahren hat, können in dieses einfache Kreisspiel eingebaut werden: Der Vater sucht sein Kind. Ein Freund sucht seine Freundin. Ein Kind sucht seine Katze, usw. Dabei können jeweils die entsprechenden Namen eingesetzt werden.
Um zu zeigen, wie man sich über den Menschen freut, den man wiedergefunden hat, kann man auch den Arm um ihn legen, ihn drücken usw. Das Spiel braucht auch nicht auf den Kreis beschränkt zu bleiben, sondern kann sich im ganzen Gruppenraum abspielen.

Spielaufgabe: Ein Schäfchen wird von einem Mitspieler versteckt. Wir suchen, bis wir es wiedergefunden haben. Dabei helfen uns die Mitspieler und zeigen durch lautes oder leises Singen, Summen (oder „heiß" und „kalt") an, ob wir nahe daran sind, es zu finden.

Mit Reißarbeiten aus Buntpapier, Wollebildern usw. kann die Situation auch als Bild gestaltet werden.

Zwei besonders reizvolle Spielideen, die Weiterführung und Umsetzung des Gleichnisses beinhalten, werden in den Spielen „Bärenspiel" und „Fuchs, du hast die Gans gestohlen", beide Herder, Freiburg, verwirklicht. Beim „Bärenspiel" hat sich ein kleiner Bär verlaufen, und alle helfen mit, daß die auftretenden Schwierigkeiten überwunden werden und Vater und Mutter Bär ihr Bärenkind wiederfinden. Im zweiten Spiel hat der Fuchs tatsächlich die Gans gestohlen und versucht, mit ihr zu entfliehen. Wenn er im dichten Wald verschwindet, dann ist auch die Gans seine Beute. Aber die Mitspieler versuchen gemeinsam, die Gans zu befreien. Wenn einer dem anderen hilft, kann das gelingen. Die Geschichte selbst, Spiel und Umsetzung sollten deutlich machen, daß die Suche nach dem verlorenen Schaf nicht von vornherein schon gelungen ist, sondern daß der Hirte, der sich aufmacht, mit Angst und Mutlosigkeit zu kämpfen hat, daß sich ihm viele Schwierigkeiten in den Weg stellen, bis er endlich sein Schaf wiederfindet. Nur so ist seine große Freude zu verstehen. Und diese Freude können wir ebenfalls erleben, wenn wir ein Festlied singen. Gerade hier kann auch die wichtigste Aussage des Gleichnisses, daß Jesus dieser gute Hirte ist, begreiflich werden, z.B. in dem Festlied: „Wir feiern heut ein Fest, weil Gott uns alle liebt" (Seite 181).

„Bärenspiel" und „Fuchs, du hast die Gans gestohlen ..." Beide Spiele im Verlag Herder Freiburg (Herder-Spiele: Wer hilft – gewinnt).

Das Gleichnis vom barmherzigen Samariter

Wenn im Gleichnis vom guten Hirten vermittelt wird, daß wir uns im Schutze Gottes geborgen wissen dürfen (Jesus ist der gute Hirte – Gott ist wie dieser Hirte ... oder in direkter Übertragung auf eine aktuelle Situation: Gott ist wie dieser Vater), und wenn wir erkennen, daß auch in einer veränderten und aktuellen Situation Gottes Hilfe unverändert bleibt, so macht das Gleichnis vom barmherzigen Samariter deutlich, daß wir – wie Gott es mit uns tut – anderen helfen sollen, so gut wir es vermögen. Eine direkte Weiterführung des Gleichnisses kann die Legende vom heiligen Martin und dem Bettler sein, ebenfalls ein Aufzeigen von Bildern aktueller Situationen, in denen Menschen anderen Menschen helfen, z.B. Mutter Teresa, Misereor-Material, aber auch alle Miteinander-Spiele des Verlages Herder, Freiburg, bei denen nur dann jeder wirklich gewinnt, wenn er dem anderen hilft. Die theologischen Hintergründe des Gleichnisses, daß der Priester und der Levit vorbeigehen und ausgerechnet der Mann aus Samarien hilft, sind in dieser Altersstufe noch von sehr geringer Bedeutung. Aber daß von drei Menschen, die an dem Ort beibeikommen, einer wirklich hilft, das ist wichtig.

Weiterführung: Martin und der Bettler, Seite 111 ff.
In dem Arbeitsbuch für den Anfang von Rolf Krenzer und Klaus Liebermann: „Kommt alle und seid froh" (Hirschgraben-Verlag, Frankfurt a. M.) werden beide Geschichten in farbigen Bildern nebeneinander angeboten, so daß Kindern ihr enger Bezug deutlich wird.

Wie viele fahren im Auto an dem Unfall, der passiert ist, vorbei, bleiben vielleicht stehen, schauen … und fahren weiter. Wie viele laufen hin, wo etwas passiert. Schaulustige, die schauen und nicht helfen.

Im folgenden Spiellied wurde darauf geachtet, daß zu Beginn nicht die Räuber, sondern der ausgelieferte Mensch und der Mensch, der ihm hilft, im Mittelpunkt stehen. Das Spiellied bietet mit seinen Möglichkeiten das Gleichnis an und fordert dazu auf, spontan zum Lied die einzelnen Szenen zu spielen. Es läßt sich immer wieder zu einer erlebnishaften Wiederholung einsetzen, weil der einfache Refrain sich rasch einprägt und mit seinem Rhythmus sogleich zum Mitsingen, Mitklatschen usw. auffordert.

Der barmherzige Samaritan   Text: Rolf Krenzer * Musik: Peter Janssens

2. Auf dem Weg nach Jericho kommen sie daher,
   nehmen ihm die Kleider weg und noch vieles mehr.
   Ja so, ja so war's auf dem Weg nach Jericho,
   ja so, ja so, da ging es einem so.

3. Auf dem Weg nach Jericho packen sie den Mann,
   schlagen ihn und werfen ihn auf die Erde dann.
   Ja so, ja so war's auf dem Weg nach Jericho,
   ja so, ja so, da ging es einem so.

4. Auf dem Weg nach Jericho gibt es Leid und Not.
   Auf dem Weg nach Jericho liegt ein Mensch halbtot.
   Ja so, ja so war's auf dem Weg nach Jericho,
   ja so, ja so, da ging es einem so.

5. Auf dem Weg nach Jericho kommt ein Herr daher,
   sieht den Mann und geht vorbei, und beeilt sich sehr.
   Ja so, ja so war's auf dem Weg nach Jericho,
   ja so, ja so, da ging es einem so.

6. Auf dem Weg nach Jericho kommt ein and'rer Mann,
   tut, als würde er nicht seh'n, schaut ihn gar nicht an.
   Ja so, ja so war's auf dem Weg nach Jericho,
   ja so, ja so, da ging es einem so.

7. Auch ein dritter kommt vorbei. Wird er weitergeh'n?
   Kaum sieht er den armen Mann, bleibt er bei ihm steh'n.
   Ja so, ja so war's auf dem Weg nach Jericho,
   ja so, ja so, da ging es einem so.

8. Auf dem Weg nach Jericho tröstet er den Mann.
   Hilft ihm und verbindet ihm seine Wunden dann.
   Ja so, ja so war's auf dem Weg nach Jericho,
   ja so, ja so, da ging es einem so.

9. Auf dem Weg nach Jericho bleibt ein Fremder steh'n.
   Auf dem Weg nach Jericho jetzt zwei Freunde geh'n.
   Ja so, ja so war's auf dem Weg nach Jericho,
   ja so, ja so, da ging es einem so.

Eine einfache Gestaltung des Gleichnisses vom großen Festmahl mit Spiellied und Rollenspiel findet man Seite 35.

Aus LP, MC und Liedheft: „Kommt alle und seid froh", 1982. Rechte im Peter Janssens Musik Verlag, 4404 Telgte.

Weitere Spielvorschläge zu Gleichnissen:
R. Krenzer: Wir spielen Theater, Band 2, Edition Kemper im Verlag Kaufmann/Lahr: Der gute Hirte – Das verlorene Schaf – Der verlorene Groschen – Das große Fest – Der barmherzige Samariter – Das Gleichnis vom Sämann – Der verlorene Sohn. Lele und Detlev Jöcker & Rolf Krenzer: „Und sie fingen an, fröhlich zu sein." Das Gleichnis vom verlorenen Sohn als Musikspiel zum Mitmachen, wobei jedes einzelne Lied für sich eingesetzt werden kann. MOD-Verlag, Am Hagen 5, 4400 Münster-Hiltrup.
Spiellieder zu Gleichnissen findet man in den beiden Liedersammlungen: „100 einfache Lieder Religion", und: „Regenbogen bunt und schön", beide Kaufmann, Lahr/Kösel, München.

Mit Gott sprechen, ihm danken und ihn bitten – Gottesdienst

Immer wieder habe ich darauf hingewiesen, wie wichtig das Erlebnis für das Kind ist, in den Glauben seiner Bezugsperson hineingenommen zu werden. Dieser Glaube kann auch lebendig werden in den verschiedenen Formen und Verhaltensweisen einer Gemeinde. An diesen Formen gelebten Glaubens soll das Kind beteiligt werden.

Entscheidende Lebenssituationen von Geburt bis Tod haben ihren Bezug zum Glauben und der durch diesen Glauben lebenden Gemeinde. Das Kommen des Menschen in diese Welt, in die Schöpfung, und sein Vergehen in dieser Schöpfung stehen in Beziehung zum Herrn der Schöpfung, der der Herr des Lebens eines jeden Menschen ist. Von daher bieten alle diese Lebenssituationen Grund zur Freude und zum Feiern. Hierbei wird deutlich, daß es christliche Freude auch im Leid gibt. Freude äußert sich darüber, daß das Leben stärker ist als der Tod, daß hinter dem Tod der an Ostern Auferstandene ruft: „Kommt alle und seid froh!". Jeder Gottesdienst ist ja zunächst Verkündigung dieser Osterbotschaft und so Anlaß zur Freude und zum Feiern. Gerade mit Kindern können viele elementare Formen und Handlungen christlichen Feierns, die im üblichen Gemeindeleben manchmal erstarrt sind, wieder neu entdeckt werden.

Im Laufe einer Woche ergibt sich immer wieder die Möglichkeit zu einer solchen gottesdienstlichen Feier. Das kann zu Beginn oder am Ende der Woche sein, wenn wir alle zusammen zu Gottes Lob und Preis ein Lied singen, ein Gebet sprechen, erleben, wie Gott für uns sorgt und was er uns sagt. Eine solche gottesdienstliche Feier im Kindergarten bedarf keiner aufwendigen Vorbereitungen. Das Empfinden, daß wir uns zu einer wirklichen Feier zusammenfinden, daß wir wirklich von dieser Stimmung und Erfahrung berührt werden, kommt von innen heraus und ist im Innern spürbar. Wenn eine Kerze angezündet wird, wenn wir im Gebet und in der stillen Feier

Elementare Formen und Handlungen christlichen Feierns mit Kindern neu entdecken

Gottesdienstliche Feiern im Kindergarten

Geborgenheit empfinden, wenn wir, weil wir Gott dankbar sind und uns über das, was Gott uns schenkt, freuen dürfen, dann zusammen singen und tanzen und mit allen Sinnen diese Geborgenheit „unter Gottes Regenbogen" erfahren, dann wird elementar erlebnishaft erfahrbar, was es wirklich bedeutet, wenn uns gesagt wird: „Riecht und schmeckt, kommt und seht, wie freundlich der Herr ist!" Ein Gebet, das im Augenblick ganz aktuellen Bezug hat, ein Danken und Loben oder die Fürbitte für einen Menschen, der jetzt in diesem Augenblick unserer Fürbitte bedarf, wird mit voller Anteilnahme mitgebetet, weil es Anliegen jedes einzelnen ist. Dazu gehört auch das Gebet, das Jesus uns selbst gelehrt hat.

Vater unser

Text: Matth. 6, 9–13   *Musik: Ludger Edelkötter

Vater unser im Himmel. Ge – heiligt werde dein Na - me. Dein Reich komme. Dein Wille geschehe, wie im Himmel, so auf Er – den. Unser tägliches Brot gib uns heute. Und vergib uns unsere Schuld, wie auch wir ver-geben unsern

Ludger Edelkötter hat eine sehr einfache Melodie geschaffen, die vom Erzieher (später von einzelnen Kindern) jeweils Zeile für Zeile vorgesungen und dann von allen wiederholt wird. Dazu können wir mit Gesten und mit unserem ganzen Körper vor Gott treten:

Aus LP und MC: „Halte zu mir heute, guter Gott" Alle Rechte beim: impulse-musikverlag, Natorp 2, 4406 Drensteinfurt und Studio Union/Lahn-Verlag, Limburg.

Gesten zum Vaterunser

Vater unser im Himmel.
   Wir halten zuerst beide Hände vor die Brust und heben sie dann hoch.
Geheiligt werde dein Name.
   Wir breiten die erhobenen Hände weit auseinander.
Dein Reich komme.
   Wir halten beide Arme ausgestreckt nach beiden Seiten.
Dein Wille geschehe.
   Wir geben unserem rechten und linken Nachbarn die Hand.
Wie im Himmel so auf Erden.
   Wir gehen angefaßt zurück, so daß wir einen großen Kreis bilden.
Unser tägliches Brot gib uns heute.
   Wir lassen die Nachbarn los und legen unsere Hände zu ei-

nem Korb zusammen, in dem wir das Brot empfangen kön-
nen.
Und vergib uns unsere Schuld.
Wir legen beide Hände gekreuzt über die Brust.
Wie auch wir vergeben unseren Schuldigern ...
Wir geben uns wieder die Hände und bleiben bis zum Ende
des Gebetes Hand in Hand stehen.

Was es heißt, zu Gott zu gehören, Teil der Kirche Gottes,
der Gemeinde, auch der Kindergartengemeinde zu sein,
wird in dem folgenden Lied in Bildern verdeutlicht:

Ich möcht' wie ein Stein im Wasser sein   Text: Rolf Krenzer *Musik: Peter Janssens

Ich möcht' wie ein Zweig am Baume sein.
Die Kraft des Stamms läßt mich gedeih'n.
Gott ist der Baum. Und winzig klein
darf ich ein Zweig an dem Baume sein.
Ich möcht' wie ein Zweig am Baume sein.

Ich möcht' wie ein Licht im Dunkeln sein.
Gott läßt mich leuchten ganz allein.
Er gießt seine Kraft in mich hinein
und läßt mich leuchten mit hellem Schein.
Ich möcht' wie ein Licht im Dunkeln sein.

Aus MC und Liedheft: „Ich
schenk dir einen Sonnenstrahl",
1985. Rechte im Peter Janssens
Musik Verlag, 4404 Telgte.

Ich möchte ein Teil der Kirche sein.
Gott selbst sagt zu mir: „Du bist mein!"
Gott ist die Quelle, der Stamm allein.
Und bin ich selbst auch so schwach und klein.
Ich möchte ein Teil der Kirche sein.

Kinder sind immer bereit, ein Fest zu feiern. Wenn es sich
dabei um ein gottesdienstliches Fest handelt, kann dies

bereits im Einladungslied ausgesprochen werden: „Wir feiern heut' ein Fest, weil Gott uns alle liebt." Von diesem Fest bleibt keiner ausgeschlossen, der sich einladen läßt. Dieses Fest wird zum Erlebnis, weil es Freude auslöst.

Wir feiern heut' ein Fest   Text: Rolf Krenzer *Musik: Ludger Edelkötter

Wir feiern heut' ein Fest und singen miteinander.
Wir feiern ein Fest, weil Gott uns alle liebt.
Herein, herein, wir laden alle ein!

... und geh'n herum im Kreise.

... wir essen und wir trinken.

... wir sprechen miteinander.

Wir feiern heut ein Fest und geben uns dem ander'n ...

Wir feiern heut ein Fest und finden uns im ander'n.
Wir feiern ein Fest, weil Gott uns alle liebt.
Herein, herein, wir laden alle ein.
Herein, herein, wir laden alle ein!

Die Aufforderungen der einzelnen Strophen werden in gemeinsames Tun umgesetzt.
Je nach Situation können weitere Strophen dazu erfunden werden:

… wir beten miteinander

… wir danken miteinander

… wir tanzen miteinander

Der Gottesdienst ist ein Fest, zu dem wir von Gott immer
wieder eingeladen werden.
Gerade das Kind, das nicht mit seinen Eltern zum Gottesdienst geht, das vielleicht aus einer Familie kommt, die
nicht der Kirche angehört, soll im Kindergarten erleben
dürfen, wie schön ein solches Fest ist, das im Namen Gottes gefeiert wird.
Ich habe oft Kinder in meiner Gruppe, deren Eltern keinen Bezug mehr zur Kirche, zur Gemeinde haben. Ich
sage ihnen bereits bei unserem ersten Gespräch, daß ich in
der Gruppe auch religiöse Themen einbringe. Bisher hat
noch kein Elternteil gefordert, daß ihr Kind dann aus der
Gruppe während dieser Zeit herausgenommen werden
müßte.

Viel schwieriger ist es allerdings, wenn die Familie einen anderen Glauben hat (Zeugen Jehovas, Mohammedaner). Gerade
hier ergeben sich immer wieder besondere Nöte, weil diese Kinder selbst spüren, daß sie von etwas ausgeschlossen sind, was
den anderen Kindern im Kindergarten herausragende Erlebnisse und Freude bringt. Als mich Kinder, deren Eltern zu den
Zeugen Jehovas gehören, immer wieder drängten, beim Mar-
tinsspiel und dann auch beim Martinsumzug mitmachen zu können, habe ich die Eltern aufgesucht und ihnen meine und die
Nöte der Kinder zu schildern versucht. Es war mir nicht möglich, ihr Verständnis zu wecken. Da aber alle Gruppen sich auf
dieses Fest freuten und eifrig vorbereiteten, schickten sie ihre
Kinder während dieser Zeit nicht.

**Religiöse Erziehung läßt sich
nicht auf bestimmte Stunden
einschränken**

Religiöse Erziehung läßt sich im Kindergarten nicht auf
bestimmte Stunden einschränken. Der Glaube ist Teil des
Menschen, Glaube will nicht theoretisch abgehandelt,

sondern *gelebt* werden. So kann derjenige, der in diesem Glauben lebt, sich nicht für bestimmte Zeiten außerhalb dieses Glaubens stellen. Wenn er wirklich Gott und seinen Glauben ernst nimmt, wird dieser Glaube Auswirkungen auf sein Handeln haben.

Kommt alle und seid froh   Text: Rolf Krenzer * Musik: Peter Janssens

2. Kommt alle und seid froh,
   kommt alle und klatscht so!
   Gott hat uns lieb, drum sind wir hier.
   Gott hat uns lieb, drum klatschen wir.
   Kommt alle und seid froh,
   kommt alle und klatscht so.

3. Kommt alle und seid froh,
   kommt alle und lacht so!
   Gott hat uns lieb, drum sind wir hier.
   Gott hat uns lieb, drum lachen wir.
   Kommt alle und seid froh,
   kommt alle und lacht so.

4. Kommt alle und seid froh,
   kommt alle und tanzt so!
   Gott hat uns lieb, drum sind wir hier.
   Gott hat uns lieb, drum tanzen wir.
   Kommt alle und seid froh,
   kommt alle und tanzt so.

Aus der gleichnamigen MC/LP „Kommt alle und seid froh", 1982. Rechte im Peter Janssens Musik Verlag, 4404 Telgte.

Vorschlag zur Gruppenarbeit:
Ein großes Faltbilderbuch
(Leporello) auf steifem Karton
wird mit Stoff, Filz, Pappe,
Papier oder Naturmaterial
beklebt. Jede Seite stellt einen
Schöpfungstag dar.

Wie stark die emotional erlebte und durch Gesten und Spiel verstärkte Gestaltung entscheidende Auswirkung auf das Vertiefen inhaltlicher Aussagen unseres Glaubens gerade im Hinblick auf das Alte und Neue Testament haben kann, ist mir ganz besonders deutlich geworden, als ich die Schöpfungsgeschichte im Rahmen einer größeren Einheit in den Mittelpunkt stellte. Ich erzählte davon, was Gott alles geschaffen hat. Wir malten große Bilder zu den einzelnen Schöpfungstagen, stellten Collagen und auch Werkstücke her. Auf schwarzen Plakatkarton klebten wir die Sterne und den Mond, auf blauen Karton Sonne und Wolken. So entstand an einer ganzen Wand des Gruppenraumes ein großes Bild von Gottes Schöpfung. Dazu hatten wir Berge, Flüsse, Meer und Horizont, Bäume und Sträucher, Blumen, große und kleine Tiere und natürlich auch Menschen ausgeschnitten, bunt angemalt und zum Teil mit Buntpapier, farbigem Filz und Stoffresten beklebt. Alles hatten wir an der Wand befestigt, so daß diese Gemeinschaftsarbeit ein Bild ergab, das alles, was wir täglich um uns herum wahrnehmen, darstellte. Gleichzeitig sollte es verdeutlichen, daß die Welt, in der wir leben, Gottes Schöpfung ist.

Im Verlauf der Arbeit hatte ich immer wieder darauf hingewiesen, daß diese Schöpfung durch uns Menschen zerstört wird, daß wir aber den Auftrag, den Gott an uns stellt, erfüllen müssen, nämlich Verantwortung gegenüber dieser Schöpfung erkennen und wahrnehmen, das heißt, überall und jederzeit diese uns von Gott überlassene Schöpfung schützen.

Immer hatte ich das Gefühl, daß mein Reden hierzu noch zu theoretisch war, daß die Kinder mir zwar zuhörten, aber letztlich die Aussagen nicht verinnerlichten. Auch der Einbezug entsprechender Texte und Bilder erschien mir noch zu abstrakt, um wirklich elementar erlebt zu werden.

Als wir später einen Spaziergang durch den Wald machten, lenkte ich bewußt das Interesse der Kinder auf die Bäume. Wir haben sie betrachtet und versucht, einzelne

Bäume mit unseren Armen zu umfassen. Das war nicht immer leicht. Manchmal mußten sich zwei und mehr Kinder an den Händen nehmen, um ganz um den Baum herum zu reichen. Dabei bemerkte ein Junge: „So stark ist Gott! Er läßt so dicke Bäume wachsen!"

Gottes Schöpfung erleben

„Und so kleine Bäumchen!" sagte ein zweiter Junge und zeigte uns einen winzigen Buchensprößling, der aus einer Buchecker herausgewachsen war. Später freuten wir uns mit einem Mädchen, das einen Marienkäfer auf seinem Zeigefinger klettern ließ. Wir stellten uns um das Kind herum und beobachteten den kleinen Käfer, der nach einiger Zeit seine Flügel entfaltete und davonflog. Keiner von uns hatte versucht, ihn festzuhalten. Wir hatten uns über ihn gefreut und freuten uns jetzt noch, als wir versuchten, ihm mit unseren Augen zu folgen.

„Schön war das!" sagte ein Mädchen leise in diese Stille hinein.

Ich empfand es als Geschenk, daß ich dies mit meinen Kindern erleben durfte.

So entstand an diesem Tag der Text zu dem Lied: „Du hast uns deine Welt geschenkt". Detlev Jöcker schrieb eine sehr einfache und gerade deshalb so einprägsame Melodie dazu. Als ich das Lied meinen Kindern vorstellte, ließ ich sie selbst entsprechende Gesten dazu erfinden. Sie nahmen den Text sofort auf und erfanden viele neue Strophen dazu, in die sie all das aufnahmen, was wir gemeinsam erlebt hatten:

Entstehung eines Spielliedes aus dem Erleben

Du hast uns deine Welt geschenkt: die dicken Bäume,
                                     die kleinen Gräser,
                                     den Regenbogen,
                                     die kleinen Käfer,
                                     die bunten Steine,
                                     den Wind, den Regen,
                                     die Schmetterlinge …
                                     und vieles mehr.

Als von einem Kind die Schmetterlinge genannt wurden, setzten wir sie gleich in Bewegung um und flogen wie Schmetterlinge durch das Zimmer.

„Sie gehen aber schnell kaputt!", sagte ein Mädchen und fügte hinzu: „Wenn man nicht aufpaßt!"

„Sie gehen nicht kaputt!", verbesserte ein anderes Kind.
„Du machst sie kaputt, wenn du sie festhältst!"
„Mir ist das einmal passiert!" sagte ein Junge.
Wir schwiegen lange.
Dann meinte einer: Hinterher tut es einem leid. Aber man denkt so oft nicht daran!"
„Ja", sagte ich, „wir denken so oft nicht daran, daß wir Gottes Schöpfung zerstören!"
„Aber der kleine Käfer ist davongeflogen!", sagte das Kind, das ihn damals auf seinem Zeigefinger getragen hatte.
„Ja, da haben wir alle drauf aufgepaßt!", fügte ein anderes hinzu.

Erlebnis, Verarbeitung im Spiellied und weiterführendes vertiefendes Gespräch

Das Erlebnis und die Verarbeitung im Lied, die Umsetzung in ganz einfache sprachliche Aussagen und ihre Gestaltung durch Bewegung und Gesten hatten bewirkt, daß ein solches Gespräch möglich wurde. Ein Gespräch, das in elementarer Weise die Verantwortung des Menschen gegenüber Gottes Schöpfung beinhaltete.

Wir haben das Lied mit viel Freude weiter gesungen. Und in der folgenden Zeit wurde gerade dieses Lied von dem, was Gott uns geschenkt hat und täglich neu schenkt und was wir dankbar annehmen und schützen wollen, zu einem der beliebtesten Lieder. Es wurde aber auch immer länger, weil immer noch neue Strophen von den Kindern hinzukamen.

Nicht nur die Kinder spürten, was mit „Glauben erlebbar machen" gemeint ist. Ich spürte es an mir selbst.

Du hast uns deine Welt geschenkt   Text: Rolf Krenzer   *Melodie: Detlev Jöcker

2. Du hast uns deine Welt geschenkt:
   die Länder – die Meere.
   Du hast uns deine Welt geschenkt:
   Herr, wir danken dir.

3. Du hast uns deine Welt geschenkt:
   die Sonne – die Sterne.
   Du hast uns deine Welt geschenkt:
   Herr, wir danken dir.

4. Du hast uns deine Welt geschenkt:
   die Blumen – die Bäume.
   Du hast uns deine Welt geschenkt:
   Herr, wir danken dir.

5. Du hast uns deine Welt geschenkt:
   die Berge – die Täler.
   Du hast uns deine Welt geschenkt:
   Herr, wir danken dir.

6. Du hast uns deine Welt geschenkt:
   Die Vögel – die Fische.
   Du hast uns deine Welt geschenkt:
   Herr, wir danken dir.

7. Du hast uns deine Welt geschenkt:
   die Tiere – die Menschen.
   Du hast uns deine Welt geschenkt:
   Herr, wir danken dir.

8. Du hast uns deine Welt geschenkt:
   Du gabst mir das Leben.
   Du hast mich in die Welt gestellt.
   Herr, ich danke dir.

9. Du hast uns deine Welt geschenkt:
   Du gabst uns das Leben.
   Du hast uns in die Welt gestellt:
   Herr, wir danken dir.

Aus MC und Liedheft: „Heut ist
ein Tag, an dem ich singen
kann". Menschenkinder Musikverlag, Am Hagen 5, 4400 Münster-Hiltrup

Bewegungen zum Lied:

Welt:	Mit den Händen über dem Kopf eine große Kugel formen.
Danken:	Hände offen nach vorne halten.

1. Himmel: Arme, Hände zeigen nach oben,
   Erde: Arme, Hände zeigen nach unten,

2. Länder: Hände zur Fläche nach vorn ausbreiten.
   Meere: Wellenbewegungen mit den Händen.

3. Sonne: Ausgestreckte Arme, Hände oben überkreuzt.
   Sterne: Hände öffnen sich, bleiben oben.

4. Blumen: Hände bilden einen Kelch.
   Bäume: Arme über dem Kopf verschränken.

5. Berge: Hände über dem Kopf schließen.
   Täler: Geschlossene Hände nach unten.

6. Vögel: Flugbewegungen mit ausgestreckten Armen.
   Fische: Schwimmbewegungen mit gefalteten Händen.

7. Tiere: Größe der Tiere ca. 50 cm über der Erde mit den
            Händen andeuten.
   Mensch: Beide Arme in Brusthöhe ausgestreckt nach vorn.

8. Du gabst mir das Leben ...
            Mit beiden Händen auf sich zeigen.

9. Du hast uns in die Welt gestellt ...
            Den Kreis schließen, alle fassen sich an, gehen zur
            Mitte und heben die Hände zum Himmel.
            Langsam die Arme herunter und zurück in den gro-
            ßen Kreis.
            Der große Kreis geht langsam in die Runde.

Verzeichnis der Lieder und Liedanfänge

Bemerkung: Nach der Seitenzahl steht jeweils die Abkürzung für den Text- und Melodie/Musikautor, und zwar in der Reihenfolge Texter/Komponist.

Abkürzungen:

E für Ludger Edelkötter
F Für Siedfried Fietz
J für Peter Janssens
Je für Margarete und/oder Wolfgang Jehn
Jö für Lele und/oder Detlev Jöcker
K für Rolf Krenzer
L für Inge Lotz

Zu den Komponisten dieses Buches:

Die Melodien zu meinen ersten Spielliedern hat *Inge Lotz* geschrieben, die Musiklehrerin an einer Grundschule in Haiger ist. Diese Lieder sind in den Sammlungen „Hast du unsern Hund gesehen", „Wir sind die Musikanten" und „Mach mit uns Musik" (Kaufmann, Lahr/Kösel, München) erschienen. Mit *Siegfried Fietz,* der in 6349 Greifenstein 2 den ABAKUS-Musikverlag gegründet hat, habe ich viele Lieder und Chansons für Schulkinder, Jugendliche und Erwachsene erarbeitet. In diesem Buch sind die Komponisten mehr vertreten, die ihre Melodien bewußt so einfach und elementar gestaltet haben, daß sie bereits im Kindergarten eingesetzt werden können. Ihnen allen möchte ich für die intensive und immer wieder freudig erlebte Zusammenarbeit danken.

Ludger Edelkötter, * 1940. Zunächst Tätigkeit in der Jugendmusikschule, Orchesterspieler (Oboe), Chorleiter, 7 Jahre Musiklehrer an einem Gymnasium. Während dieser Zeit Gründung der Musikgruppe „Impulse" und des gleichnamigen Musikverlages.
Heute bekannt als Komponist, Liedermacher, Band-Leader, Musikpädagoge (Seminare für Lehrer und Erzieher im In- und Ausland): Neue geistl. Musik, Kinderlieder, Songs für Jugendliche und Erwachsene, Theater-, Hörspiel- und Filmmusik.
Viele seiner Lieder (bisher über 500) wie „Herr, gib uns Deinen Frieden", „Alle Knospen springen auf", „Eine Brücke laßt uns bauen", „Es ist Zeit für ein Nein ohne jedes Ja zu Massenvernichtungswaffen" sind in deutschsprachigen Ländern zum Volksgut in Kirchengemeinden, Kindergärten, Schulen und der Friedensbewegung geworden.

Peter Janssens, *1934, macht engagierte Musik, die ihre Zuhörerschaft in wachen Minderheiten sucht, aktiv in kirchlichen, ökologischen und friedenspolitischen Initiativen. Kernstück des geistlichen Bereiches ist die Theologie der Befreiung mit Kompositionen nach Texten von Ernesto Cardenal (Gebet für Marilyn Monroe, 1972), mit Liedern für Gottesdienste, die soziale und politische Problemstellungen inhaltlich aufnehmen (Wir haben einen Traum, 1972).

Aus der Verbindung von geistlichen Themen und Theaterarbeit entwickelten sich geistliche Musikspiele mit zeitbezogenen Darstellungen von Schicksalen herausragender Menschen (Ave Eva, 1974/Elisabeth von Thüringen, 1984). In seinen Kirchentagsliedern (Ich liebe das Leben, 1975/Ein himmlisches Kind fliegt gegen den Wind, 1983) macht Peter Janssens sein entschlossenes Eintreten für die Schöpfung deutlich. Alois Albrecht, Friedrich Karl Barth, Rolf Krenzer, Kurt Marti, Wilhelm Willms u. a. haben als Textautoren wichtige Beiträge für die Kompositionen von Peter Janssens gegeben.

Margarete Jehn, *1935 Hörspielpreis der Kriegsblinden; Hörspiele und Fernsehspiele für Kinder und Erwachsene; Lyrik, Prosa, Bühnenstücke, Erzählungen, Lieder, Chansons und andere Texte für Kinder und Erwachsene.

Wolfgang Jehn, *1937 Musikstudium in Wiesbaden, Frankfurt/M und Bremen; Tanzmusiker, Kirchenmusiker, Lehrer; seit 1975 freier Komponist; Lieder, experimentelle Musik, Hörspielmusiken, Musik zu Fernsehspielen; Singspiele und Instrumentalstücke für Kinder; „Worpsweder Musikwerkstatt".

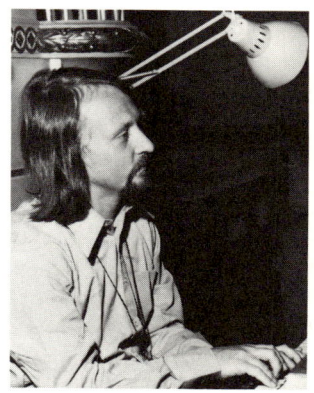

Detlev Jöcker, *1951. Zahlreiche Liedkompositionen, Hörspielmusiken für den WDR, Lieder für Kindersendungen des NDR (gemeinsam mit seiner Frau Lele), öffentliche Veranstaltungen, Rundfunk- und Fernsehauftritte, Schallplatten- und Musicassetten-Produktionen im eigenen MOD/Menschenkinder Musikverlag.

Lele Jöcker, *1959. Komponiert und singt Lieder für Kinder und Erwachsene. Mit der Gruppe „Menschenkinder" zahlreiche öffentliche Auftritte (u. a. auf Kirchentagen). Malt und illustriert Bücher, Schallplatten und Plakate; Verpflichtung als Studiosängerin bei unterschiedl. Musikproduktionen.